지구촌 아이들이 들려주는 SDGs 이야기

일러두기
- 편지에 등장하는 아이와 사연은 사실을 바탕으로 한 허구입니다.
- 이 책에 인용한 통계 자료는 지속가능발전포털(http://www.ncsd.go.kr), 유엔 SDGs 홈페이지 (https://sdgs.un.org)의 2022년 자료를 기준으로 삼았습니다.

모두가 행복한 지구를 위한 약속
지구촌 아이들이 들려주는 SDGs 이야기

초판 1쇄 발행 2023년 1월 3일
초판 2쇄 발행 2023년 10월 18일

글 이정주
그림 박재현

펴낸곳 도서출판 개암나무(주)
펴낸이 김보경
경영관리 총괄 김수현 **경영관리** 배정은 조영재
편집 조원선 오누리 김소희 **디자인** 이은주 **마케팅** 김유정
출판등록 2006년 6월 16일 제22-2944호

주소 서울특별시 용산구 한남대로40길 19, 4층(한남동, JD빌딩) (우)04417
전화 (02)6254-0601, 6207-0603 **팩스** (02)6254-0602 **E-mail** gaeam@gaeamnamu.co.kr
개암나무 블로그 http://blog.naver.com/gaeamnamu 개암나무 카페 http://cafe.naver.com/gaeam

ⓒ 이정주, 박재현, 2023
이 책의 저작권은 저자에게 있습니다. 저자와 출판사의 허락 없이 내용의 일부를 인용하거나 발췌하는 것을 금합니다.

ISBN 978-89-6830-749-2 73330

품명 아동 도서 | **제조년월** 2023년 10월 18일 | **사용연령** 11세 이상
제조자명 개암나무(주) | **제조국명** 대한민국 | **전화번호** 02-6254-0601
주소 서울특별시 용산구 한남대로40길 19, 4층(한남동, JD빌딩)

모두가 행복한 지구를 위한 약속

지구촌 아이들이 들려주는 SDGS 이야기

글 이정주 | 그림 박재현

개암나무

차례

2050년, 지구는 어떤 모습일까요? ····· 6

SDGs 1. 빈곤 퇴치
모든 빈곤을 현재의 절반으로 줄여요 ····· 13

SDGs 2. 기아 종식
배고픔을 겪는 사람이 없어야 해요 ····· 27

SDGs 4. 질 높은 교육
모두가 질 높은 교육을 받을 수 있어야 해요 ····· 41

SDGs 6. 깨끗한 물과 위생
깨끗한 물과 위생적인 환경이 필요해요 ····· 55

SDGs 7. 모두를 위한 깨끗한 에너지
깨끗하고 안전한 에너지를 사용해요 ····· 71

SDGs 8. 좋은 일자리와 경제 성장
좋은 일자리를 늘리고, 경제를 성장시켜요 ····· 85

SDGs 10. 불평등 해소
불평등 없는 따뜻한 사회를 만들어요 ····· 99

SDGs 11. 지속가능한 도시와 공동체
아름답고, 행복한 도시를 만들어 가요 ····· 113

SDGs 13. 기후 변화 대응
기후 변회 대응, 지금 바로 시작해요 ····· 127

SDGs 14. 해양 생태계 보전
소중한 바다와 바다 자원을 지켜요 ····· 143

작가의 말 ····· 158

하나의 지구는 이런 모습이에요

- 지구 평균 기온이 2022년보다 3℃ 올랐어요. 기후 변화로 아마존 열대 우림이 사라졌어요. 뜨거워진 지구 여기저기에서 큰불이 나요.
- 해수면이 상승해 전 세계 50개 도시가 바다에 잠겼어요. 미국 버지니아주 펜타곤(국방부 건물), 영국 런던 버킹엄 궁전, 호주 시드니 오페라 하우스도 물에 잠겼어요.
- 깨끗한 물을 구하기 어려워요. 2050년, 세계 인구 100억 명 중 50억 명이 물 부족 문제를 겪고 있어요.
- 잦은 허리케인, 계속되는 가뭄으로 농사를 지을 수 없어요. 부산의 2022년 당시 인구수와 비슷한 3백만 명 정도가 굶어 죽었죠. 식량을 차지하기 위해 끊임없이 전쟁이 일어나요.
- 지구 생태계가 파괴되어 육지, 바다에 사는 동식물의 54%가 멸종 위기에 있어요. 바다에는 물고기보다 플라스틱 쓰레기가 더 많아요.
- 하루 1.9달러(한국 돈 2,600원 정도) 미만으로 살아가는 빈곤층이 계속 늘어나요.
- 여성, 장애인, 소수 민족, 가난한 어린이는 교육받을 기회가 없어요. 장애인은 차별당하고, 교육받지 못한 사람은 무시당해요.

또 하나의 지구는 이런 모습이에요

- 태양, 바람을 이용한 신재생 에너지를 사용해 온실가스가 없어요. 기후 변화가 줄어 다시 기후를 예측해서 농사지을 수 있게 되었어요.
- 숲이 점점 늘어나요. 동식물이 생태계 안에서 조화롭게 생활하죠. 생물 다양성˚ 덕분에 인간은 물, 음식, 섬유, 의약품, 건축 자재를 자연에서 얻을 수 있어요.
- 배고픈 사람이 없어요. 더 많이 가진 사람은 덜 가진 사람을 위해 기꺼이 자신의 것을 나누어 주어요.
- 누구나 수준에 맞는 교육을 받을 수 있어요. 좋은 교육을 받은 사람들이 앞장서 빈곤, 성차별, 환경 등 사회 문제를 해결해요.
- 나이, 성별, 장애, 인종, 민족, 국가, 종교, 경제 상황과 관계없이 모든 사람이 공평한 기회를 얻어요. 싸움과 갈등이 줄어 모두가 평화롭고 안전하게 살아가요.

이대로라면 지구를 물려줄 수 없을지도 몰라요

18세기 산업 혁명 이후, 인류는 눈부신 경제 성장과 기술 발전을 이루었어요. 하지만 그에 못지않은 문제도 얻었어요. 선진국은 산업화를 이유로 화석 연료를 사용했고, 이는 기후 변화의 원인이 되었어요.

여성, 소수 민족, 난민, 장애인에 대한 불평등도 해결하지 못했어요. 개발 도상국 국민은 빈곤과 기아로 고통받아요. 아이들은 학교 대신 일터로 내몰렸고, 몇 시간을 걸어가서 물을 길어 오기도 해요. 사회가 발전할수록 지구는 병들고, 살기 힘들어진 사람들이 늘어났어요.

그간 경제 성장에 더 큰 가치를 두느라 이런 문제들을 모른 척 덮어 두었어요. 이제는 그대로 둘 수 없는 위험한 지경에 이르렀지요. 이 상태가 지속되면 기후 변화는 더욱 심해지고, 육지와 바다 생태계는 회복 불가능해요. 빈부 격차,

생물 다양성 일정한 생태계에 존재하는 생물의 다양한 정도.

교육 격차는 갈수록 커져요. 폭력, 전쟁, 테러는 가까워지고, 평화, 안전, 정의는 멀어져요. 이대로라면 우리가 사는 지구를 후손들에게 물려줄 수 없을지도 모른다는 위기감이 몰려오고 있어요.

지속가능발전목표에 희망이 있어요

2015년, 국제 연합(UN)에 가입한 전 세계 196개국 대표들이 한자리에 모였어요.

"지구와 인류가 안고 있는 문제들을 지금 해결해야 합니다. 이대로 미래를 맞이하면 지구는 버틸 수 없습니다. 사람들도 행복하지 않습니다. 바꿉시다! 우리가 노력하면 미래를 바꿀 수 있습니다. 우리가 해결해서, 아이들에게 아름다운 미래를 물려줍시다."

이들은 빈곤, 기후 변화, 물, 에너지, 불평등, 교육 등 시급하게 해결할 문제 17가지를 정했어요. 이것을 17개의 큰 목표와 169개의 작은 목표로 구체화하고, 2030년까지 달성하기로 약속했어요. 이것이 바로 SDGs(Sustainable Development Goals), 지속가능발전목표예요. SDGs는 전 세계 모든 국가가 힘을 합쳐 지구 환경을 보호하면서 경제 성장, 사회 발전, 기술 혁신을 이루자는 합의예요.

경제 성장과 환경 보호를 동시에 이루는 '지속가능'한 방법이어야 해요

'지속가능(Sustainable)'이라는 말에 깊은 의미가 있어요. 목표를 달성하기 위해 미래 세대가 누려야 할 몫을 손상하면 '지속가능'한 방법이 아니에요. 경제 성장을 핑계로 환경을 해쳐서는 안 된다는 뜻이에요. 예를 들어 어느 나라에서 SDGs 1번 목표인 빈곤을 해결하기 위해 울창한 숲에서 나무를 베어 버리고, 농장을 만들었어요. 그것은 미래 세대가 누려야 할 숲의 혜택을 빼앗는 일이에요. 13번 기후 변화 대응, 15번 육상 생태계 보전을 저버린 선택이기도 해요. 지속가능발전목표는 여러분과 같은 미래 세대가 사용할 경제, 사회, 환경 자원을 낭비하지 않아야 해요. 미래에도 지속 사용할 수 있는 방법으로 현새의 경제 성장과 사회 발전을 이루어야 '지속가능발전목표'를 달성한 거예요.

지구인 모두가 행복한 사회로 가는 나침반

다시 처음의 질문으로 돌아가 볼까요? 앞에 말한 두 개의 지구 중 어느 곳에 살고 싶어요? 지금 상태로 생활하면 첫 번째 지구에 살게 될 것이 확실해요. 모두 함께 노력하여 지속가능발전목표를 달성한다면 아름답고, 푸른 지구에서 살 수 있어요. 시간이 많이 남지 않았어요. 2030년까지 경제 성장과 환경 보호를 동시에 이룰 수 있도록 모두가 머리를 맞대야 해요. 지구에 사는 모든 사람이 안전하고, 깨끗하고, 행복한 사회로 가는 길을 찾아야 해요. 그 길을 찾는 나침반이 바로 유엔이 정한 '지속가능발전목표'랍니다.

SDGs 1. 빈곤 퇴치
모든 빈곤을 현재의 절반으로 줄여요

내 이름은 알리예요. 열 살이고, 방글라데시의 수도 다카에 살아요.

SDGs 1.
빈곤 퇴치

안녕하세요, 한국 친구들! 만나게 되어 반가워요. 여러분에게 나의 이야기를 하려니 조금 떨려요.

나는 매일 아침 5시 30분에 일어나, 잠을 깨기 위해 찬물로 세수하고 옷을 입어요. 그리고 커다란 자루를 챙겨 집을 나서죠. 아직 잘 떠지지 않는 졸린 눈을 비비면서 20분쯤 걸어요. 아침밥을 먹지 못해서 배에서는 늘 꼬르륵 소리가 난답니다.

학교에 그렇게 일찍 가냐고요? 아니에요. 나는 학교에 다니지 않아요. 일하러 가는 거예요. 시장 옆 쓰레기장이 내 일터예요. 그곳에서 오전 6시부터 밤 9시까지 일해요. 전날 버려진 음식물과 쓰레기 사이에서 쓸 만한 물건을 찾는 것이 내 일이에요. 일찍 가지 않으면 다른 형들이 괜찮은 물건을 모두 가져가 버리기 때문에 이른 아침에 가야 해요. 주로 종이나 쇠붙이가 많아요. 찌그러진 냄비나 녹슨 칼을 찾으면 진짜 행운의 날이에요. 이런 물건을 고물상에 팔면 종이보다 두 배쯤 많은 돈을 받을 수 있어요.

나는 일곱 살 때부터 이 일을 했어요. 아빠가 돌아가시고 난 후였어요. 인력거를 끌던 아빠가 교통사고로 돌아가셔서 내가 돈을 벌어야 했어요. 아빠가 살아 계실 때는 하루에 두 끼는 먹을 수 있었어요. 아빠가 손님이 없을 때 태워 주시던 인력거도 참 재미있었는데…….

엄마는 병에 걸려 집에 누워 계셔요. 병원에 가지 못해서 무슨 병인지는 몰라요. 나는 동생이 세 명 있어요. 내가 돈을 가져가지 않으면 엄마와 동생들이 하루를 굶어야 해요.

오늘은 이른 새벽부터 밤늦게까지 일해서 12타카(한국 돈 170원 정도)를 벌었어요. 종이 한 뭉치와 박스 세 개밖에 줍지 못했거든요. 오늘처럼 12타카를 벌면 엄마와 나는 굶고, 동생들만 밥을 먹을 수 있어요.

방글라데시는 한낮 온도가 40도가 넘어요. 쓰레기장은 쓰레기 썩는 냄새가 심해서 정말 힘들어요. 손수건으로 땀도 닦고 코와 입을 가리고 일하는데도 참기 힘들지요. 쓰레기 더미를 헤치다가 다쳐서 내 손과 팔은 늘 상처투성이예요.

작년에는 쓰레기를 뒤지다가 이름 모를 화학 물질을 쏟는 바람에 다리에 화상을 입었어요. 그때는 며칠 동안 일을 못 했어요. 화상 자국도 크게 남았어요. 쓰레기를 주울 기다란 집게가 하나 있으면 좋겠어요.

하지만 집게를 사려면 20타카(한국 돈 275원 정도)가 필요해요. 아휴, 그렇게 비싼 물건을 어떻게 사겠어요? 며칠 전에는 다 쓴 형광등 다섯 개를 찾아 50타카(한국 돈 687원 정도)를 벌었어요. 진짜 좋았어요! 그날은 온 식구가 하루 두 끼를 먹었지요.

방글라데시는 세계에서 가장 가난한 나라 중 하나래요. 전체 인구의 절반 이상이 하루 1달러(한국 돈 1,200원 정도)가 되지 않는 돈으로 살고 있대요. 나는 늘 이렇게 살았기 때문에 특별하다고 생각한 적은 없어요.

나는 학교에 갈 나이가 지났지만, 학교라는 곳에 가 보지 못했어요. 언젠가 여동생 샤힌이 엄마에게 학교에 보내 달라고 졸랐나 봐요. 엄마는 한숨을 푹 쉬더니 "당장 밥도 못 먹고 사는 우리 형편에 학교는 무슨? 그런 사치스러운 꿈은 꾸지도 마라!" 하시더군요. 맞아요! 엄마가 맨날 토하고, 아무것도 드시지 못하는 병에 걸렸는데도 병원 한번 가지 못하는 우리 형편에 어떻게 학교에 다니겠어요? 쓰레기를 주우러 나가면 나같이 학교에 다니지 않는 친구들이 너무 많아서 아무렇지도 않아요. 하지만 수몬 형이 초등학교 3학년까지 다녔다고 자랑할 때는 솔직히 좀 부러워요. 수몬 형은 가난 때문에 초등학교를 졸업하지는 못했지만, 글자도 술술 읽고, 구구단도 외워요. 거리를 지나다가 학교 담장 너머로 교실에 앉아 있는 아이들을 보고 '나도 가난하지 않으면 좋겠다'라고 생각한 적은 있어요. 엄마가 화장실에 갈 때도요. 우리 집은 서른네 가구가 수도 하나를 같이 쓰는 동네에 있어요. 백 명이 넘는 사람들이 공용 화장실 세 칸을 나눠 써요. 아무리 똥이 마려워도 사람이 많을 때는 엉덩이에 힘을 꽉 주고 참아야 해요. 화장실은 너무 더러워서 벌레가 우글우글해요. 지난번 우기 때 비가 너무 많이 와서 똥이 넘치는 바람에 온 동네가 똥 바다가 된 적도 있어요. 엄마는 화장실이 멀어서 너무 힘들어하세요. 엄마가 내내 참다가 힘들게 화장실에 갈 때면 '우리가 가난하지 않으면 엄마가 덜 힘들 텐데……' 하고 생각해요.

나는 아침 6시부터 밤 9시까지 열심히 일하고, 돈을 아끼며 사는데도 왜 계속 가난한지 모르겠어요. 엄마는 샤힌을 옷 만드는 공장에 보내려고 해요. 샤힌은 이제 여덟 살인데 말이에요. 봉제 공장에서 일하면 밥도 주고, 재워 준다고 했대요. 엄마는 "샤힌을 공장에 보내면 알리 네가 돈 버는 부담이 좀 적어질 거다"라고 하셨어요. 나는 샤힌이 봉제 공장에 가지 않았으면 좋겠어요. 그냥 우리 가족이 계속 같이 살기를 바라요. 내가 돈을 더 벌어서 샤힌이 원하는 대로 학교에 보내 주고 싶어요. 그러고도 돈이 남으면 나도 학교에 가서 영어랑 곱셈을 배우고 싶어요. 정말 그럴 방법은 없는 걸까요?

-방글라데시 다카에서
알리 보냄

세계 인구의 약 10%가 하루 1.9달러 미만으로 살아가요

SDGs 1. 빈곤 퇴치 세부 목표

- 하루에 1.9달러 미만으로 살아가는 사람을 절반으로 줄입니다.
- 국가별로 적합한 사회 보장 제도를 만들고, 빈곤층과 취약 계층을 실질적으로 보호합니다.
- 빈곤층과 취약 계층이 기초 공공 서비스, 신기술, 금융 서비스를 쉽게 이용할 수 있도록 보장합니다.

'빈곤'은 '가난'이라는 말보다 조금 더 뜻이 많아요. 가난이 '경제적으로 넉넉하지 못한 상태'를 가리킨다면, 빈곤은 '가난 때문에 사람이 살아가는 데 필요한 기본적 욕구가 채워지지 않는 상태'를 말해요. 돈이 없어서 배고픔이 지속되는 것, 머물 곳이 불안정한 것, 신발과 옷이 부족한 것, 안전하게 마실 물이 없는 것, 위생적인 화장실이나 부엌을 갖추지 못한 것, 교육을 받을 수 없는 것, 아파도 치료를 받을 수 없는 것 등이 빈곤이에요.

2015년, 세계은행이 정한 빈곤의 기준은 '하루 1.9달러(한국 돈 2,600원 정도) 미만으로 생활'하는 거예요. 하루 1.9달러 미만으로는 세계 어느 나라에서도 건강에 도움이 되는 음식을 사거나, 깨끗한 물을 마실 수 없어요.

2015년 기준으로 세계 인구 중 10% 정도가 1.9달러 미만으로 살고 있어요. 2019년에는 8.2%로 조금 줄었지만, 감소 속도는 둔화하였지요.

전 세계 인구 중 10%는 하루 1.9달러 미만으로 생활

 빈곤을 각자 알아서 해결하라고 내버려 둘 수는 없어요. 극심한 빈곤은 개인의 잘못으로 벌어진 일이 아니에요. 극심한 빈곤은 나라 규모가 작거나, 경제력이 약하거나, 전쟁이나 민족 문제로 갈등을 겪는 국가에서 흔히 나타나요. 사하라 사막 남쪽 아프리카 지역에 빈곤층이 많은 이유도 그 나라들이 침략이나 전쟁을 자주 겪어 경제 발전 기회를 만들지 못했기 때문이에요. 기후 변화로 자연재해가 잦아 농사지을 땅이 점점 줄어드는 것도 빈곤의 원인이고요. 이런 나라들은 자체적으로 빈곤을 해결할 수 있는 상황이 아니에요.

 빈곤은 국가와 국민이 함께 해결할 사회 문제예요. 빈곤이 지속되면 심각한 사회 문제가 돼요. 빈곤으로 인해 가게에서 먹을 것을 훔치는 등의 생계형 범죄가 늘어나요. 빈곤을 겪는 국민이 많아지면 국가에 대한 불만이 커져 사회 전체가 불안해져요. 건강한 생활을 할 수 없어 질병이나 고통을 안고 살아가야 해요. 돈이 없어서 교육을 제대로 받지 못하니 새로운 기회를 얻을 수도 없어요. 그러면 가난이 대물림되지요. 빈곤이 해결되어야 인간은 건강을 유지하고 행복을 느낄 수 있어요. 국가는 평화롭고 평등한 사회를 이룰 수 있고요.

빈곤에서 벗어나려면
물고기 잡는 방법을 가르쳐 주어야 해요

극심한 빈곤을 없애려면 선진국이 도와주는 것이 가장 효과적이에요. 이것을 '원조'라고 해요. 원조는 무상 원조와 유상 원조로 나눌 수 있어요.

무상 원조는 아무런 대가 없이 돈이나 물건을 제공하는 것을 말해요. 예를 들어 우리나라는 2018년부터 식량원조협약(FAC)에 가입하여 식량 위기에 처한 나라에 쌀을 보냈어요. 내전을 겪는 시리아, 빈곤층이 많은 라오스 등이었지요. 그 쌀로 약 300만 명의 배고픔을 덜어 줄 수 있었어

우즈베키스탄 국립 아동 병원 전경.

요. 이런 것을 '무상 원조'라고 해요.

　유상 원조는 지원받은 나라가 돈을 갚도록 하는 방식이에요. 얼마 전 우리나라는 우즈베키스탄에 국립 아동 병원을 지어 주었어요. 영유아 사망률(4세 이하의 어린이가 죽는 비율)이 높은 우즈베키스탄에 꼭 필요한 병원이었지만 자체적으로는 지을 돈도, 기술도 부족했지요. 우즈베키스탄은 병원 지을 때 들어간 돈을 나중에 우리나라에 갚기로 했어요.

　그렇다면 우리나라를 비롯한 선진국들이 개발 도상국을 원조하는 이유는 무엇일까요? 우선 극심한 빈곤을 온 세계인이 함께 해결해야 한다는 윤리적 책임 때문이에요. 잘사는 나라에서는 음식이 남아돌아 3분의 1을 버리는데, 가난한 나라 사람들은 먹을거리가 부족해 쓰레기통을 뒤지고, 굶어 죽는 일이 여전히 계속되고 있어요. 지구에 함께 사는 지구인으로서 이건 너무 불공평한 일이니까, 당연히 도와야 해요!

　우리나라는 한국 전쟁 직후 세계에서 가장 가난한 나라였어요. 다른 나라의 원조 덕분에 그 시기를 견딜 수 있었지요. 선진국이 된 지금은 아프리카, 남미, 아시아의 개발 도상국을 돕는 '원조 공여국'이에요. 대한민국은 원조받는 나라에서 원조하는 나라로 성장한 세계 유일의 국가랍니다. 그러니 빈곤을 겪는 나라의 사람들을 도울 책임이 있어요.

　선진국이 개발 도상국을 원조하는 데는 또 다른 이유가 있어요. 무상이든, 유상이든 국제 원조가 경제적 이익이 있기 때문이에요. 원조하면 그 나라와 관계가 좋아져요. 한국이 보내 준 쌀을 먹은 사람들은 한국에 고마운 마음을 가질 거예요. 이런 감정은 외교, 무역에 큰 도움이 된답니다. 나라와 나라가 친한 관계가 되면 수출을 늘릴 수 있고, 기업이 그 나라에서 일을 얻기 쉬워져요. 요즘 선진국들은 대외 원조를 늘리고, 그것을 경제적 이익으로 연결하기 위해 엄청난 공을 들이고 있어요. 이유가 어찌

되었든 선진국이 극심한 빈곤을 겪는 개발 도상국을 돕는 일이 양쪽 모두에게 도움이 되는 것은 분명해요.

　원조보다 중요한 것은 빈곤을 근본적으로 해결할 수 있는 사회적 장치를 마련하는 거예요. 물고기를 주기보다 물고기 잡는 방법을 가르쳐 주어야 한다는 뜻이죠. 가난한 사람들에게 돈을 빌려주는 은행, 돈을 벌 수 있는 기술을 가르쳐 주는 학교, 적은 비용만 받고 질병을 치료해 주는 병원 등이 빈곤 문제를 근본적으로 해결하는 사회적 장치예요.

　개발 도상국 사람들을 선진국에 와서 공부하거나 일하게 해서 '물고기 잡는 방법'을 알려 주는 것도 좋아요. 선진국에서 생활하며 경제 발전 방식을 배우거나, 앞선 기술을 익히도록 해 주는 거지요. 우리나라에는 '산업 연수생 제도'가 있어요. 외국인을 국내 중소기업에서 일할 수 있게 해 주는 제도예요. 외국인 산업 연수생이 일해서 번 돈을 자기 나라에 보내면 가족들은 빈곤에서 벗어날 수 있어요. 자기 나라에 돌아가서 한국에서 익힌 기술을 사용해 돈을 벌면 이전보다 훨씬 나은 생활을 할 수 있고요. 산업 연수생 제도는 국내 중소기업의 인력 부족 문제도 해결하고, 두 나라의 관계도 다지는 장점이 있어요.

SDGs에 한 걸음 더 가까이

가난한 사람에게 조건 없이 돈을 빌려드립니다
— 방글라데시 그라민은행

그라민은행은 방글라데시의 경제학자 무하마드 유누스 교수가 세운 은행이에요. 기존 은행에서는 돈을 빌려줄 때 돈이 될 만한 물건을 맡기는 담보, 돈을 못 갚았을 경우 대신 갚을 보증인을 요구해요. 가난한 사람들이 돈이 될 만한 물건을 가지고 있을 리 없어요. 유누스 교수는 가난한 사람들이 돈이 없어 돈을 빌렸는데, 그 돈에 이자까지 붙어 더 큰 빚을 지고, 결국 더 가난해지는 '빈곤의 악순환'을 보고 그라민은행을 세울 것을 결심해요.

그라민은행은 가난한 사람에게 아무런 조건 없이 150달러까지 빌려줘요. 그라민은행에서 빌린 돈에는 아주 적은 이자가 붙고, 오랜 기간에 걸쳐 나누어 갚을 수 있어요. 150달러(한국 돈 약 21만 원 정도)는 가난한 삶을 벗어날 수 있는 발판이 되어 주었어요. 가난에 허덕이던 사람

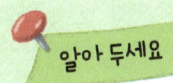

알아 두세요

10월 17일은 '세계 빈곤 퇴치의 날'

1987년 조셉 레신스키 신부(빈곤 퇴치 운동가)와 빈곤을 겪는 10만 명이 프랑스 파리에 모여 '절대 빈곤 퇴치 운동 기념비'를 세운 것에서 시작했어요. 유엔은 빈곤 퇴치에 대한 전 세계의 관심을 높이기 위해 1992년부터 매년 10월 17일을 '세계 빈곤 퇴치의 날'로 정해 기념하고 있어요.

노벨 평화상을 수상한 무하마드 유누스 교수.

들은 이 돈으로 재봉틀, 송아지, 손수레를 샀어요. 열심히 일해서 번 돈을 생활비로 쓰고, 은행에서 빌린 돈을 조금씩 갚아 나갔어요. 덕분에 극심한 빈곤에서 서서히 벗어날 수 있었지요. 그라민은행은 가난한 사람들에게 돈을 주어서 일시적으로 도와주는 사업이 아니에요. 돈을 빌려주고 그 돈을 가지고 일할 수 있게 해서 가난한 삶에서 영원히 탈출하도록 도와주는 '사회적 제도'예요.

무하마드 유누스 교수와 그라민은행은 가난한 사람들을 빈곤에서 벗어날 수 있도록 도와준 공로로 2006년 노벨 평화상을 받았어요.

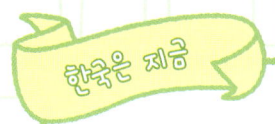
한국은 지금

세계 경제 10위의 한국은 정말 잘사는 나라일까요?

우리나라가 한국 전쟁 직후 세계에서 가장 가난한 나라였던 사실, 알고 있지요? 1953년, 우리나라 1인당 국민 소득이 67달러였어요. 2020년 1인당 국민소득은 3만 달러를 넘었어요. 2021년 유엔무역개발협의회(UNCTAD)는 한국을 개발 도상국에서 선진국 그룹으로 지위를 높였어요. 1964년 유엔무역개발협의회가 생긴 이래 개발 도상국이 선진국으로 올라선 사례는 한국이 처음이에요. 한국은 절대 빈곤을 극복하고 세계 10위의 경제 대국으로 발돋움한 경제 개발의 모범 국가예요.

하지만 '2018년~2019년 기준, 한국의 상대적 빈곤율이 경제협력개발기구(OECD) 37개국 중 네 번째로 높다'라는 조사 결과가 있어요. 상대적 빈곤이란 인구 전체를 소득(경제 활동의 대가로 얻는 돈)이 많은 순서대로 줄 세웠을 때, 정 가운데인 50위보다 소득이 적은 거예요. '상대적 빈곤율이 높다'라는 말은 그 사회의 평균 경제 수준에 미치지 못하게 생활하는 사람이 많다는 뜻이고요.

상대적 빈곤율이 높은 우리나라는 부자는 더욱 부자가 되고, 가난한 사람은 계속 가난한 경제 구조를 가졌어요. 상위 계층 10%가 전체 소득의 50% 이상을 가져갈 정도로 소득 불평등이 심해요. 상대적 빈곤이 심해지면 국민 사이에 갈등이 커질 수 있어요. '나는 어차피 가난하니 노력할 필요 없다'라며 의욕을 잃게 해요. 높은 상대적 빈곤율은 사회 발전을 방해하고, 경제 성장을 더디게 만들어요.

대한민국이 더 좋은 나라가 되려면 상대적 빈곤율을 줄여야 해요. 경제 성장의 혜택을 일부 사람이 아닌, 국민 전체가 누릴 수 있는 경제 구조로 바꾸는 것이 우리 경제가 해결할 과제예요.

SDGs 2. 기아 종식
배고픔을 겪는 사람이 없어야 해요

친구들, 안녕!
내 이름은 위로크1예요.
열한 살이고
에티오피아에 살아요.

친구들, 안녕! 한국 친구들에게 궁금한 것이 있어 편지를 써요. 정말 한국에서는 음식이 남아서 버리나요? 그렇다면 그 음식을 우리 마을에 보내 줄 수는 없나요?

나는 사흘 동안 제대로 된 음식을 먹지 못했어요. 먹은 거라고는 군인 아저씨들이 준 캐러멜 두 알이 전부예요. 지금도 몹시 배가 고파요. 열한 살이면 키가 140cm, 몸무게는 35kg쯤 되어야 정상이래요. 내 키는 115cm, 몸무게는 14kg이에요. 6~7세 어린이의 키와 몸무게지요.

내가 사는 에티오피아 티그라이는 전쟁 중이에요. 다른 나라가 쳐들어온 게 아니라 에티오피아 정부와 정부에 맞서는 반군이 싸움을 벌이

고 있지요. 에티오피아는 팔십여 개의 민족이 모여 사는 나라예요. 민족 간의 갈등이 자주 일어나죠. 전쟁하는 데 돈을 써 버려서, 우리나라는 늘 가난해요. 이 배고픔의 원인도 결국은 전쟁 때문이랍니다.

에티오피아 정부는 반군의 항복을 받아 내기 위해 식량이나 물건이 들어오는 길을 막아 버렸어요. 전화와 인터넷을 모두 끊어 다른 지역에 도움을 요청할 수도 없어요. 반군은 정부군에 더 강력하게 대항하겠다며 무기를 사들이고 있어요. 어른들의 전쟁에 가장 큰 피해를 보는 것은 우리 같은 어린이들이에요. 전쟁으로 인해 제대로 먹지 못하고, 학교도 다니기 어려워요. 아무것도 모르는 아이들이 전쟁터에 끌려가 총을 들기도 해요.

 나는 매일 먹을 것을 구걸하기 위해 길거리에 나가요. 처음에는 부끄러웠는데, 이제는 창피하지 않아요. 군인 아저씨들을 쫓아다니면서 먹을 것을 달라고 해요. 군인 아저씨들은 어른이 구걸하면 먹을 것을 주지 않는데, 아이가 음식을 달라고 하면 불쌍하다며 주머니를 뒤져요. 초콜릿, 캐러멜을 주기도 하고, 어떨 때는 가방에서 마른 빵 한 덩이를 꺼내 주기도 해요. 나는 배고픔에서 벗어날 수 있다면 뭐라도 하고 싶어요. 요즘은 부모님도 내가 구걸하고 돌아오기를 기다려요. 그게 우리 집의 유일한 먹을거리거든요.

 전쟁이 나기 전 우리 엄마와 아빠는 농사를 지었어요. 부잣집 주인 아저씨의 땅을 빌려 농사를 지을 때는 그래도 희망이 있었어요. 아빠가 농사지은 귀리로 죽을 끓여 먹던 때가 그리워요. 전쟁이 계속되면서 부모님은 농사를 지을 수 없게 되었어요. 총알이 빗발치고 폭탄이 터지는 전쟁터에서 한가롭게 농사를 지을 수는 없었지요. 요즘은 땅에 심을 씨앗도 아예 없고요. 농사를 계속 지어야 꽃에서 씨앗을 얻을 수 있잖아요. 전쟁으로 몇 년째 농사를 짓지 못하면서 지금은 씨앗을 구하지 못해요. 길이 막혀 다른 지역에서 씨앗을 가져올 수도 없어요.

 며칠 전에는 유엔에서 먹을 것을 보내 준다는 소문이 돌았어요. 얼마나 기대가 컸는지 몰라요. 밤에 배가 고파서 잠이 오지 않을 때, 그 음식을 받아 배불리 먹는 생각을 하면서 잠을 청했어요. 그런데 에티오피아 정부가 구호물자 수송을 막았어요. 유엔 관계자들이 비판하니까 그들을 다른 나라로 추방해 버렸어요. 또 한번은 국제 구호 단체가 비밀리에 우리 마을에 음식물을 보내 준다고 했어요. 어찌 알았는지, 이번에는 반군이 나타나 음식을 싣고 오던 트럭을 빼앗아 갔어요. 음식과 물건들을 자기들끼리 나누어 가졌대요.

요즘은 종일 구걸해도 먹을 것을 구경할 수 없어요. 군인 아저씨들에게 애원해도 줄 게 없대요. 전쟁이 길어질수록 배고픔도 커져요. 어제는 옆집에 사는 두 살짜리 아기가 죽었어요. 아기가 배가 고파 우는데, 줄 수 있는 음식이 하나도 없었나 봐요. 일주일쯤 전에는 아랫마을 티냐 할머니가 돌아가셨어요. 다리에 상처가 났는데, 약이 없어서 제때 치료받지 못했기 때문이래요.

이제는 굶는 게 익숙해질 만도 한데, 배고픔은 늘 힘들어요. 배가 고프면 아무것도 하기 싫어요. 구걸 나가지 않으면, 그냥 먹을 것이 있으면 좋겠다고 생각하면서 누워 지내요.

한국 친구들에게 부탁이 있어요. 먹을거리를 함부로 버리지 말아 주세요. 배고픔을 겪는 에티오피아의 친구들을 생각해 주세요. 그리고 이 세상에 '먹을거리가 없어서 못 먹는 사람'이 사라지도록 여러분이 도와주세요.

-에티오피아 티그라이에서
위르키 보냄

전 세계 인구 10명 중 1명은 굶주리고 있어요

SDGs 2. 기아 종식 세부 목표

- 모든 형태의 영양 결핍, 기아를 끝냅니다. 모든 사람이 일 년 내내 안전하게 충분한 식사를 할 수 있도록 보장합니다.
- 소규모 농사를 짓는 사람에게 땅이나, 농사 정보, 금융 서비스를 제공하여 농업 생산성과 소득을 두 배로 늘립니다.
- 기후 변화, 가뭄, 홍수 등 재난에 적응하는 능력을 길러 지속가능한 식량 생산 체제를 확보합니다.
- 토지와 토양의 질을 개선합니다.

기아는 몹시 굶주리고 배고픈 것을 가리켜요. 먹을거리가 부족해 몇 주에서 몇 년 동안 굶주림을 겪는 상태지요. 다이어트나 건강 때문에 음식 섭취를 줄이거나, 바빠서 혹은 맛이 없어서 먹지 않는 것은 '기아'가 아니에요. 먹을거리가 없어서 먹지 못한 것이 아니니까요.

2020년 기준으로 전 세계에 기아 상태에 놓인 인구가 10% 가까이 돼요. 세계 인구의 30%는 식량이 부족해 건강하고 균형 잡힌 식사를 못 하고 있고요. 전 세계 5세 미만 어린이 중 22%는 충분한 영양을 공급받지 못해 성장이 더딘 발육 부진 상태예요. 5세 미만 어린이의 6.7%는 키에 비해 몸무게가 심각하게 적은 저체중이고요.

기아는 단순한 배고픔이 아니에요. 생명과 연결되는 심각한 문제예요. 제대로 먹지 못하면 근육이 줄어 제대로 걷지도, 물건을 들지도 못해요.

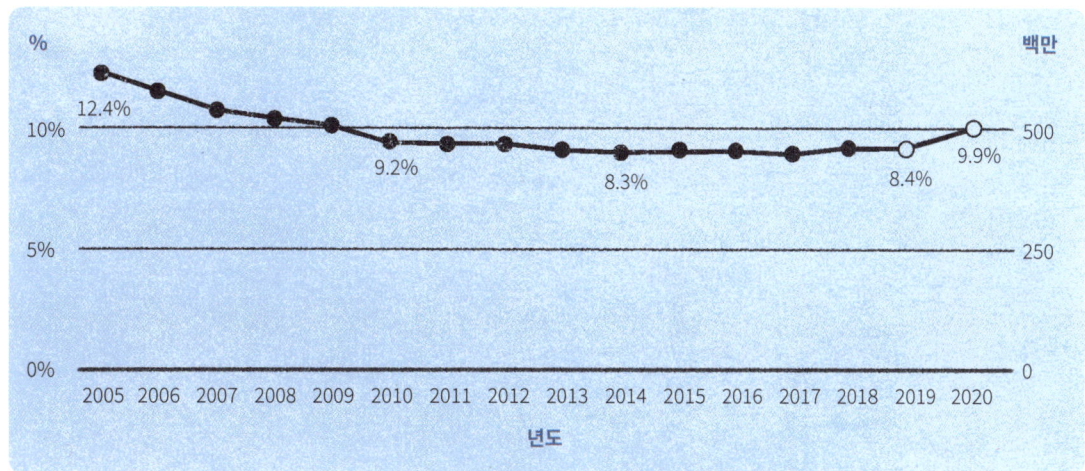

세계의 영양 부족 인구 그래프 (출처: 유엔, 2020년)

영양이 모자란 배에 물이 차서 팔다리는 비쩍 말랐는데 배만 볼록하게 튀어나와요. 비타민D나 칼슘이 부족해 머리, 가슴, 팔, 다리의 뼈 모양이 변하는 구루병이 생겨요. 어린이는 성장이 느려지지요. 기아가 계속되면 시력을 잃거나, 뇌 기능이 떨어져요.

기아의 원인은 여러 가지예요. 최근 가장 심각한 원인으로 기후 변화로 자연재해가 일어나면서 식량이 부족해지는 경우가 꼽히고 있어요. 아프리카 남동쪽 섬나라 마다가스카르는 기후 변화 때문에 3년이나 비가 제대로 내리지 않았대요. 계속되는 가뭄으로 강바닥이 훤히 드러날 정도로 말라 버렸어요. 농사지을 물은 물론이고 마실 물도 없어요. 이곳 주민들은 배고픔을 달래기 위해 나무뿌리를 캐서 먹거나, 신발 가죽을 끓여 먹을 정도예요. 마다가스카르 남부의 가뭄으로 이 지역 사람들 100만 명 이상이 기아 상태에 있어요.

농지가 줄어드는 것도 기아의 원인이에요. 식량으로 사용할 농작물을

가뭄

사막화

키우려면 땅이 필요한데, 농사지을 땅이 점점 줄어요. 농사짓던 땅에 공장을 세우거나, 아파트를 짓는 거지요. 농작물을 키우는 것보다 훨씬 많은 돈을 벌 수 있으니까요. 또 전 세계의 평균 기온이 올라가는 지구온난화로 강우량이 줄고, 이 때문에 땅이 농사지을 수 없는 환경으로 변하는 사막화가 일어나요. 땅의 사막화도 농지가 줄어드는 이유예요.

　기아 발생의 가장 큰 원인은 전쟁이에요. 전쟁이 나면 생산 활동이 제대로 이뤄지지 않아요. 농사짓던 땅이 파괴되고, 먹을거리를 가공하던 공장이 불타 없어져요. 국가는 전쟁에 돈을 쓰느라 식량을 수입할 돈이 없어요. 식량이 부족하니 식량 가격은 점점 오르죠. 결국 굶주리는 사람이 계속 늘어요.

중동에 자리한 예멘은 긴 시간 전쟁으로 국토 대부분이 잿더미로 변했어요. 정상적인 경제 활동을 할 수 없는 상황이에요. 항구도 파괴되어 식량을 들여오기도 어려워요. 지금 예멘에서는 인구 절반이 식량 부족에 시달리고 있고 40만 명 정도의 어린이는 목숨이 위험한 영양실조 상태예요.

정치가 안정되어야 기아를 없앨 수 있어요

　현재 지구에서 생산되는 식량은 전 세계 모든 인구를 충분히 먹여 살릴 수 있는 양이에요. 그럼에도 개발 도상국 국민은 먹을거리가 부족해 굶주림에 고통받아요. 구호 단체에서 주는 영양죽 한 컵을 얻기 위해 몇 시간 동안 긴 줄을 서기도 해요. 선진국은 음식이 많아서 고민이에요. 국민의 비만을 막으려고 온갖 노력을 기울이죠. 남은 음식물 쓰레기를 처리하느라 골치가 아파요. 기아는 식량 생산이 적어서가 아니라 공평하게 나누지 못해서 일어나는 거예요.

　기아 문제를 해결하려면 '아무 조건 없이' 도와주어야 해요. 일단 배고픈 상태를 벗어나게 해 주어야 건강을 되찾고, 삶의 의욕을 가질 수 있어요.

　기아를 없애려면 그 지역 사람들이 먹을 수 있는 곡물을 직접 농사지을 수 있어야 해요. 그런데 기아를 겪는 지역의 농업 구조를 들여다보면 이것이 그리 쉽지 않아요. 아프리카를 예로 들어 볼게요. 아프리카의 여러 나라는 영국, 프랑스 등 힘센 나라의 식민지였어요. 힘센 나라들은 울창한 숲을 밀어 버리고, 그 땅에 커피콩, 초콜릿의 원료인 카카오, 식용유의 재료인 팜 같은 농작물을 심었어요. 그들은 이 농산물을 가져다 팔아 큰돈을 벌었지요. 아프리카 지역 사람들이 먹고살려면 쌀, 밀, 옥수수, 카사바 같은 식량이 필요한데, 그런 작물을 농사지을 땅은 없어요. 독립 이후에도 상황은 달라지지 않았어요. 식민지 시절 자기 나라 사람을 괴롭히고, 힘센 나라에 잘 보인 사람들이 땅을 소유하게 되었거든요. 이 사람들도 지역 주민들의 식량에는 관심이 없었어요. 팔면 돈을 많이 벌 수 있는 작물을 심었어요. 농산물이 부족하니 그 지역 식량 가격은 크게 올랐어요. 가난한 사람들이 도저히 살 수 없을 정도로요. 요즘은 대형 식품 기업이 아프리카에서 생산한 농산물을 싸게 사서, 다른 나라에 비싸게 팔아 큰 이익을 남겨요. 이런 구조가 굳어진 상태에서 아프리카 사람들이 자신들이 먹을 곡물을 농사짓는 것은 참 어려워요.

그렇다고 아예 방법이 없는 것은 아니에요. 농업 기술을 높여 곡식 생산량을 늘리는 방법도 있어요. 대한민국 농촌진흥청은 아프리카 23개국과 함께 '아프리카 벼 개발 파트너십 사업'을 하고 있어요. 식량이 부족한 아프리카 여러 나라에 새로운 벼 품종을 개발해 주는 사업이에요. 얼마 전에는 세네갈에 한국의 통일벼를 그 지역의 기후와 토양에 맞게 변형시킨 품종 '이리스 벼'를 만들어 주었어요. 이 벼는 세네갈에서 생산하던 품종보다 두 배나 많은 쌀을 수확할 수 있어 세네갈의 식량 부족을 해결하는 데 큰 도움이 될 거라고 해요.

기아를 없애기 위해 반드시 먼저 해결할 일이 있어요. 정치의 안정과 사회의 평화예요. 기아를 겪는 나라 중에는 국가의 수장이 쿠데타(군인 등 일부 지배 계급이 무력으로 정권을 빼앗는 일), 부정 선거 같은 그릇된 방법으로 권력을 잡은 경우가 꽤 있어요. 이런 정치가들은 국민을 위하기보다는 자기들 배를 불리는 데 집중해요. 일부 국가에서는 국제 구호 단체에서 보내 준 돈을 뒤로 빼돌린 일도 있었어요. 결국 정치가 안정되어야 기아 문제를 해결할 수 있어요. 평화도 마찬가지예요. 전쟁이 식량의 정상적인 공급을 방해한다는 이야기는 앞에서 했지요? 정치와 평화가 자리 잡아야 이 세상에서 굶주림이 사라져요.

한 번의 터치로 한 끼 식사를 선물할 수 있어요
― 유엔세계식량계획(WFP) 앱 'Share The Meal'

'Share The Meal(쉐어더밀)'은 배고픈 아이들에게 식사 한 끼를 보낼 수 있는 스마트폰 앱이에요. 유엔세계식량계획(WFP)에서 일하는 직원 두 사람이 '한 아이에게 하루치 식사를 나누어 주는 것이 기아를 없애는 방법'이라는 생각으로 개발했대요. 사용 방법은 아주 쉬워요. 스마트폰 앱을 모아 놓은 앱스토어 혹은 플레이스토어에서 'Share The Meal(쉐어더밀)'이라고 검색하세요. 그리고 앱을 설치해요. 이 앱을 이용하면 아이들이 한 끼를 먹을 수 있는 0.8달러, 한국 돈 약 950원부터 기부할 수 있어요.

화면 맨 위에는 식량 지원이 긴급한 지역이 올라와 있어요. 전체 보기를 누르면 아프가니스탄, 시리아, 마다가스카르 등 전쟁이나 자연재해 때문에 기아를 겪는 곳들이 차례로 나와요. 이 지역 중 마음이 가는 지역을 정해 후원할 수도 있지요.

특정한 지역을 정하지 않고 '전 세계 어린이에게 끼니 전하기'도 할 수 있어요. 지역마다 몇 명의 후원자가 있는지 확인할 수고, 내가 기부한 돈이 어떻게 쓰였는지 알 수 있답니다.

매월 정기적으로 후원하는 'the Table'이라는 프로그램도 있어요. 정기 후원 프로그램도 기부 금액을 스스로 정할 수 있어요. '커뮤니티' 부문에서는 유명인, 기업이 진행하는 모금에 참여할 수 있답니다.

유엔세계식량계획은 'Share The Meal'을 통해 모금한 돈을 지역 상황에 맞게 사용해요. 현지에 식량은 많이 있으나 사람들이 식량 살 돈이 없으면 현금 또는 식량 바우처(특정한 물건만 살 수 있는 상품권)를 제공해요. 음식을 구할 수 없는 지역에는 유엔세계식량계획이 고열량의 에너지 비스킷, 식량 꾸러미를 구매해 보내 주고 있어요.

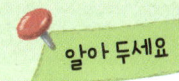

생활 속 작은 실천으로 기아를 끝낼 수 있어요!
기아를 끝내는 길은 멀고도 험해요. 하지만 모두 함께 마음을 모아 작은 일부터 시작한다면 해낼 수 있어요. 앞으로는 음식을 낭비하지 말기로 해요. 다 먹지도 못할 만큼의 음식을 주문하거나, 뷔페에 가서 먹지도 않을 음식을 담지 말아요. 일주일에 하루쯤 남기는 음식, 버리는 음식이 하나도 없게 식사해 봐요. 학교에서 급식을 먹을 때도 음식을 남기지 않는 거예요.
가정에서는 식단을 짜서 꼭 필요한 식품만 사면 돈도 아끼고 음식물 쓰레기도 줄일 수 있어요. 이렇게 아낀 돈은 기아를 겪는 지역 사람들을 돕거나, 식품을 기부받아 필요한 사람에게 나누는 푸드뱅크에 기부하는 거 어때요?
생활 속의 작은 실천이 모인다면 세계 기아 종식이 결코 멀리 있는 목표만은 아닐 거예요.

SDGs 4. 질 높은 교육
모두가 질 높은 교육을 받을 수 있어야 해요

안녕! 나는 소니타예요. 아프가니스탄의 수도 카불에 살아요.

SDGs 4.
질 높은 교육

안녕! 여러분, 반가워요! 나는 열 살이지만, 학교는 다니지 않아요. 아니, 학교에 다니지 못하게 되었어요. 한국 친구들에게 내가 학교에 가지 못하는 이유를 알리고 싶어서 이렇게 편지를 써요.

우리나라에는 지난 20년 동안 미국 군대가 머물렀어요. 이슬람교를 믿는 무장(전투에 필요한 장비를 갖춘 상태) 단체의 테러에 맞서겠다는 이유였어요. 그러던 지난 2021년 여름, 미국은 아프가니스탄 카불을 더는 지키지 않겠다며 군대를 데리고 가 버렸어요. 미군이 떠나자 '탈레반'이라는 이슬람 무장 단체가 권력을 잡았어요. 탈레반은 이슬람교를 문자 그대로 해석하는 사람들이에요. 수천 년 전 방식으로 여성의 교육을 금지하고, 아동을 학대하고, 사람을 가혹하게 처벌하죠.

탈레반은 권력을 잡자마자 여학생의 등교를 금지했어요. 어느 도시는 여자도 초등학교까지는 다닐 수 있게 해 준다는데, 내가 사는 마을에서는 여성은 무조건 학교에 갈 수 없어요. 우리 아빠는 탈레반을 지지하며, 나를 학교에 가지 못하도록 막고 있어요.

며칠 전 밤이었어요. 이불 속에서 몰래 학교에서 배우던 책을 펼쳐 놓고, 광고지 뒷면에 따라 쓰고 있었어요. 공부가 너무 하고 싶었거든요. 그때 아빠가 갑자기 이불을 걷더니 내가 공부하는 것을 보고 책을 빼앗아 다 찢어 버렸어요.

"여자가 무슨 공부를 해! 예전에 내가 보내고 싶어서 학교에 보낸 줄 알아? 동네 사람들이 여자도 학교를 보내기에 어쩔 수 없이 따라 한 거야. 이번에 탈레반 정권이 돌아왔으니, 여자에게 공부 따위는 필요 없어!"

옆에 있던 오빠는 내 머리를 마구 때리고, 배를 발로 찼어요. 여자가 남자의 명령을 어겼다고 하면서요. 내가 울면서 빌었는데도 소용없었어요. 엄마도 안타까워 눈물을 흘렸지만, 아빠와 오빠의 폭력을 멈추지는 못했어요. 아프가니스탄에서 여성은 남성이 하는 일에 나설 수도, 말릴 수도 없어요.

나는 여성 정치인이 꿈이었어요. 사라 선생님은 "아프가니스탄이 발전하려면 여성들이 공부를 많이 해야 한다"라고 늘 말씀하셨어요. 사라 선생님은 내가 제일 좋아하는 선생님이에요. 수학과 과학을 가르치

는 정말 멋진 여성이랍니다. 탈레반이 돌아오면서 사라 선생님도 학교에서 쫓겨났어요. 여성의 사회 활동을 금지했기 때문이에요. 나는 아프가니스탄 여성들이 마음껏 활동할 수 있게 해 주는 정치인이 되고 싶어요. 언젠가 TV에서 봤던 독일의 메르켈 총리는 너무나 멋졌어요. 메르켈 총리는 16년 동안이나 독일 최고의 정치인으로 활동했대요. 우리나라에서 제일 좋은 대학인 카불대학에 들어가겠다는 목표도 세웠어요. 부끄러워서 아무에게도 말하지는 못했지만요. 하지만 그 계획은 물거품처럼 사라질 거 같아요. 카불대학은 탈레반의 명령으로 여자 교수들을 내보냈고, 여학생들도 등교하지 못하도록 했어요.

지금 내게 학교보다 무서운 것은 '결혼'이에요. 나는 열한 살이 되는 내년 봄에 결혼해요. 남편이 될 사람은 쉰여섯 살이에요. 얼굴도 한 번 본적 없는 그 아저씨는 우리 할아버지보다 나이가 많아요. 나는 그 남자의 세 번째 부인이 되어야 해요. 내가 결혼하기 싫다고 하면 아빠는 윽박을 질러요.

"가족이 모두 굶어 죽을 수는 없잖아? 네가 결혼으로 희생해야 오빠라도 학교에 다닐 수 있다는 거 몰라?"

아빠는 돈을 받고 나를 그 남자에게 팔아 버린 거예요.

요즘 아프가니스탄은 경제가 더 안 좋아졌어요. 40여 년 동안의 전쟁과 몇 년째 계속되는 가뭄, 코로나19 유행으로 경제가 멈추었거든요. 탈레반이 권력을 가지면서 다른 나라들의 도움도 전부 끊겼어요. 지금 아프가니스탄 인구의 절반 이상이 먹을거리가 없어 굶주림에 시달리고 있어요. 우리 가족도 굶는 날이 많아요. 아빠는 일자리를 잃은 지 오래고요.

아빠는 나를 결혼시키는 대가로 8만 아프가니(한국 돈 96만 원 정도)를 받았대요. 나는 늙은 남자에게 시집가서, 노예처럼 일해야 해요. 내가 아무리 싫다고 몸부림쳐도 성폭행을 당할 거예요. 어떻게 아냐고요? 나랑 친했던 옆집 자르미나 언니도 열두 살에 결혼으로 팔려 갔어요. 남편의 폭력과 성폭행, 힘든 노동을 견디지 못하고 도망쳤다가 가족들에게 붙잡혔어요. 그리고 '명예 살인'을 당했어요. 한국 어린이들은 명예 살인이 무엇인지 모르지요? 이슬람 문화에는 집안의 명예를 더럽혔다는 이유로 가족들이 여성을 죽이는 못된 관습이 있어요. 오빠랑 삼촌들은 자르미나 언니를 죽여 놓고, '집안의 명예를 지켰다'라며 자랑스러워했어요. 몰래 글자를 배워서 나에게 책을 읽어 주고, 내 귀에 대고 조용히 노래도 불러 주던 예쁜 언니였는데…….

나는 정말 결혼하기 싫어요. 아빠가 받은 돈을 갚지 못하면, 나는 그 아저씨에게 끌려가야 해요. 결혼하면 다시는 학교에 돌아갈 수 없어요. 아프가니스탄 여성에게도 교육받을 기회를 주세요. 한국의 친구 여러분, 제발 도와주세요!

-아프가니스탄 카불에서
소니타 보냄

함께 생각해보기

세계 어린이의 6분의 1이 학교에 다니지 못하고 있어요

SDGs 4. 질 높은 교육 세부 목표

- 모든 어린이와 청소년이 효과적인 학습 성과를 거둘 수 있도록 남녀 구별 없이 초·중등 교육을 무상으로 실시합니다.
- 남녀 구별 없이 모든 성인에게 적절한 비용으로 기술 교육, 직업 교육, 대학 교육의 기회를 보장합니다.
- 청소년과 성인이 읽고 쓰는 능력, 기본적 계산 능력을 익힐 수 있게 합니다.
- 장애인, 원주민, 취약 계층 등 누구나 수준별 교육과 직업 훈련을 평등하게 받을 수 있도록 합니다.

교육이란 '사람이 살아가는데 필요한 지식이나 기술 등을 가르치고 배우는 활동'이에요. 교육은 인간의 삶을 발전시키는 뿌리지요. 교육 없이는 삶의 질을 높이기 어려워요.

하지만 유네스코가 내놓은 자료를 보면 마음이 무거워요. 전 세계에서 학교에 가야 할 나이의 어린이 중 6분의 1이 학교에 다니지 못하고 있어요. 빈곤으로 농장에서 돈을 벌어야 하거나, 전쟁으로 학교가 문을 닫았거나, 매일 가족들이 마실 물을 길으러 가야 해서 학교에 다닐 수 없는 거죠.

여자라는 이유로 학교에 가지 못하고 집안일을 하는 어린이도 있어요. 6억 1,700만 명의 어린이와 청소년이 교육이 부족해 생활에 필요한 읽기, 쓰기, 계산 능력이 떨어진다고 해요.

750,000,000
성인 문맹 인구수

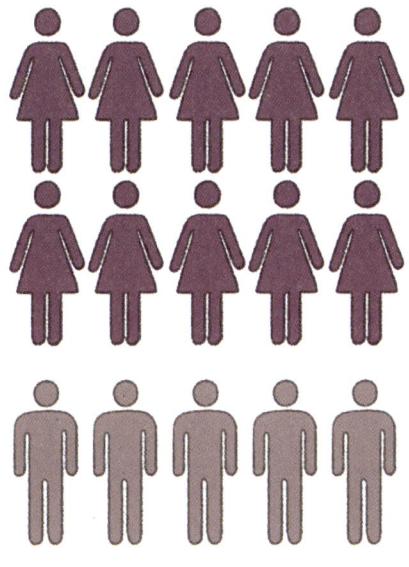

이들 중 2/3가 여성

어른도 '질 높은 교육'에서 예외일 수 없어요. 전 세계 성인 중 7억 5,000만 명이 글을 읽거나 쓸 줄 몰라요. 이 중 3분의 2는 여성이에요.

좋은 교육이 경제를 성장시키고, 국가를 발전시켜요

질 높은 교육은 유엔이 정한 네 번째 목표이자, 나머지 16가지 목표를 이루는 필수 도구예요. 교육받으면 개인이 성장하고, 그 사람들이 속한 사회가 발전해요. 좋은 교육을 받은 사람이 많아지면 그 사회는 빈곤, 성차별, 환경 등 사회 문제를 해결할 가능성이 커져요.

질 높은 교육에 꼭 필요한 것이 있어요. 바로 '돈'이에요. 교육이 이뤄지려면 아이들이 모일 학교 건물을 짓고, 전기를 설치해야 해요. 학생들을 가르칠 교사를 키우고 그들이 일한 대가로 임금을 주어야 해요. 아이들이 학교에 나오게 하려면 학교에서 마시는 물의 품질을 개선하거나, 급식을 주거나, 장학금 제도를 만드는 등 경제적 뒷받침이 필요해요.

그럼 교육이 먼저일까요, 경제가 먼저일까요? 이 문제는 참으로 대답하기 어려워요. '캄보디아국립기술대학'이라는 학교가 있어요. 이곳은 한국이 원조해 준 교육 시설이에요. 개발 도상국 중 하나인 캄보디아는 경제 성장을 위해 노력했지만, 국가 산업을 이끌 기술자가 부족했어요. 기술을 가르칠 사람도 없고, 가르칠 수 있는 교육 시설도 없었어요. 급하게 필요한 기술자는 태국, 베트남 등 이웃 나라에서 데려와야 했지요. 2005년, 대한민국은 학교 건물을 지어 주고, 교수로 일할 전문가를 보내 주었어요. 이들은 은퇴한 공학 교수나 기업의 엔지니어 출신으로, 대부분은 월급을 받지 않고 자원봉사로 참여했어요. 이 학교 졸업생들은 학교에서 익힌 전기, 전자, 건축 기술을 바탕으로 기업이나 정부에 취직해 캄보디아의 경제 성장을 이끌고 있어요. 이 사례는 대한민국의 교육 공적 원조를 경제 성장으로 잘 연결한 경우예요. 질 높은 교육은 경제력과 배움의 의지가 맞물려야 효과가 높다는 것을 보여 주지요.

질 높은 교육이 이루어지려면 빈곤, 기아, 건강 문제가 먼저 해결되어야 해요. 개발 도상국 어린이들은 당장 먹을거리가 없어 삶과 죽음 사이를 오가요. 이런 상황에서 공부할 여유를 갖기는 힘들어요. 의미 있는 연구 하나를 살펴볼까요? 1990년대 중반, 세계 정부와 긴급 구호 단체들은 아프리카의 빈곤 문제를 해결하기 위해 많은 돈을 쓰고 있었어요. 먹을 것을 주는 것은 물론이고, "배움의 기회를 통해 스스로 일어서게 도와야 한다"라며 학교를 짓고, 책을 보내 주었어요. 훌륭한 교사를 채용하고, 학용품도 나누어 주었지요. 하지만 학교에 나오는 학생은 좀처럼 늘지 않았어요.

미국 하버드 대학의 크레이머 교수는 그 원인을 찾아보았어요. 그즈음 아프리카에는 말라리아와 기생충이 유행하고 있었대요. 아이들은 아파서 학교에 나오지 못했던 거예요. 아프지 않은 학생들은 병이 옮을까 싶어 나오지 않았던 거고요. 크레이머 교수의 조언으로 구충제를 사서 기생충 감염 치료를 시작했어요. 그러자 학생들의 결석률이 25%나 줄었어요. 병이 옮을까 봐 나오지 않던 학생들도 다시 등교하기 시작했고요. 구충제를 먹고 면역력이 향상된 덕분에 다른 질병이 발생하는 빈도도 줄었어요.

10년이 지난 후에 보니 기생충을 치료받고 건강을 유지한 어린이들은 그렇지 않은 아이들에 비해 소득이 높은 일자리를 얻었어요. 여자 어린이의 중학교 진학률도 높아졌대요. 크레이머 교수는 이 경험을 가지고 논문을 썼어요. 질 높은 교육을 위해서는 빈곤, 건강, 위생을 먼저 해결해야 한다는 것을 증명하는 연구였어요. 그는 빈곤에 관한 연구를 지속해 2019년 노벨 경제학상을 수상했답니다.

또 사회적 차별이 사라져야 질 높은 교육이 이뤄질 수 있어요. 성별, 나이, 민족, 경제력, 신체 조건, 지역 등을 이유로 교육의 기회를 제한하는 사회는 발전할 수 없어요. 아프가니스탄 탈레반이 여성 교육을 계속 막는다면, 앞으로 국가 성장을 기대하기는 어려울 거예요.

최근 코로나19의 세계적 유행으로 국가 경제력에 의한 교육 차별이 더 커졌어요. 우리나라를 비롯한 선진국들은 온라인을 이용한 비대면 학습으로 교육을 지속할 수 있었어요. 인터넷 시설을 제대로 갖추지 못한 개발 도상국의 어린이는 온라인 학습을 꿈도 꿀 수 없었죠. 학교가 문을 닫으면서 배움의 기회도 막혀 버린 거예요.

우리나라도 코로나19로 학교 교육이 온라인 형태로 바뀌면서 장애를 지닌 학생들이 한때 불편을 겪었어요. 말로 설명하는 대신 사진 자료를 화면에 올리면 시각 장애 학생은 내용을 알 수가 없어요. 온라인 강의에 수어 통역이 없어 청각 장애 학생들이 선생님 말씀을 알아듣지 못했어요. 지금은 이런 문제들을 많이 개선했고요.

'모두가 평등한 교육의 기회'를 누리기 위해서는 차별과 불편이 적극적으로 개선되어야 한답니다.

SDGs에 한 걸음 더 가까이

책과 펜을 든 여성이 세상을 바꿀 수 있습니다
– 말랄라 유사프자이

파키스탄의 여성 인권 운동가예요. 말랄라는 11세였던 2009년 영국 BBC 방송 사이트에 글을 한 편 올렸어요. 파키스탄 탈레반이 여성의 교육을 금지한 현실을 전하고 여성도 교육받아야 한다는 내용을 담은 글이었어요. 이 글이 관심을 끌면서 다큐멘터리 제작으로 이어지는 등 말랄라는 세계적으로 유명해졌어요.

말랄라의 활동이 눈엣가시였던 파키스탄 탈레반은 2012년 10월 버스를 타고 학교에서 돌아오던 말랄라를 총으로 쏘았어요. 말랄라는 머리와 목에 총을 맞아 중태에 빠졌지요. 다행히 영국으로 옮겨져 수술과 재활 치료를 받고 기적적으로 살아났어요. 이 사건으로 파키스탄의 여성 교육과 인권 문제에 국제적인 관심이 쏟아졌어요. 말랄라는 더욱 강력하게 여성 교육 운동을 펼쳤답니다.

"탈레반은 총알로 나를 침묵하게 하려고 했죠. 하지만 달라진 건 없습니다. 달라진 게 있다면 나약함, 두려움, 절망이 죽고 힘과 용기가 태어

말랄라 유사프자이.

난 것입니다. 오늘은 자신의 권리를 위해 목소리를 높인 모든 여성, 모든 소녀를 위한 날입니다. 책과 펜을 듭시다. 이것이야말로 가장 강력한 무기예요. 한 명의 아이, 한 명의 선생님, 한 권의 책, 한 개의 펜이 세상을 바꿀 수 있습니다."

말랄라로 인해 파키스탄에는 여성 교육 권리 운동이 일어나 200만 명이 서명했어요. 정부는 교육 권리 법안을 통과시켰고요. 영국의 전 총리이자 유엔 글로벌 교육 특사를 지낸 고든 브라운은 "나는 말랄라다(I am Malala)"라는 구호로 세계의 모든 어린이가 학교에 다닐 수 있게 하자는 캠페인을 벌였어요.

탈레반은 여전히 말랄라의 목숨을 위협하고 있어요. 말랄라는 이에 굴하지 않고, 16세 때 유엔에서 청년 대표로 '여자 어린이의 교육권'에 대해 연설했어요. 2014년에는 나이지리아를 방문하여 200여 명의 여학

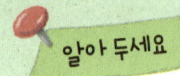

여성 교육과 인권을 제한하는 탈레반

탈레반은 이슬람교 교리를 아주 엄격하게 가르치는 신학교 출신들이 만든 무장 단체예요. 아프가니스탄과 파키스탄에서 정치적, 군사적으로 행동하며 권력을 잡았지요. 이들은 1996~2001년 아프가니스탄에서 집권했을 때 여성 인권을 침해하는 행동을 서슴지 않았어요. 여성은 전신을 가리는 '부르카'를 의무적으로 착용해야만 했고, 남성 보호자가 없이는 외출할 수 없었어요. 8세 이상 여성의 교육도 금지했어요.
2021년, 탈레반은 다시 권력을 잡으면서 "여성 인권을 존중하겠다"라고 선언했지만 제대로 지켜지지 않고 있어요. 여성은 초등학교까지만 다닐 수 있도록 허가해 중·고등학교에 다녀야 하는 나이의 여학생은 정상적인 교육을 받지 못하고 있어요. 대학에 다니던 여학생은 학교에 가지 못하고 집에 머무는 경우가 많아요. 여성의 취업을 제한하고, 여성의 TV 드라마 출연도 금지하고 있어요.

생을 집단으로 납치한 이슬람 원리주의 단체 보코하람을 비판하며, 여학생들을 무사히 보내 달라고 요청했어요. '말랄라 펀드'를 만들어 파키스탄, 시리아, 나이지리아, 케냐 등 개발 도상국 여자 어린이들의 교육권 보장 운동을 펼치고 있어요. 이런 공로로 말랄라는 2014년, 17세의 나이에 노벨 평화상을 받았어요. 역대 최연소 수상자였지요.

2021년에는 "아프가니스탄은 여학생들이 중등 교육을 받을 수 없는 세계에서 유일한 나라"라며, "미국을 비롯한 세계 각국, 유엔이 나서서 아프가니스탄 여성을 도와달라"라고 호소했어요.

관련 목표 SDS ⑤ 성평등

남녀평등을 달성하고 모든 여성의 권리와 이익을 높여요

그간 성평등과 여성 권익에 많은 발전이 있었으나, 아직도 여성들이 차별을 겪고 있어요. 여자라는 이유로 학교에 다니지 못하는 일이 빈번하게 일어나요. 본인의 의사와 상관없이 성인이 되기 전에 강제 결혼시키는 관습이 남아 있는 곳도 있어요.
유엔 조사에 따르면 15~49세의 여성 다섯 명 중 한 명은 조사일로부터 12개월 이내에 폭력이나 성폭행당한 경험이 있다고 해요. 하지만 49개국은 가정 폭력으로부터 여성을 보호하는 법이 없어요.
성평등은 인간의 기본적 인권이며, 평화로운 세상을 만드는 밑바탕이에요. 여성이 차별에 가로막혀 활동할 수 없다면 그 사회는 발전하기 어려워요. 여성도 공평한 교육의 기회를 얻어 가정은 물론 국가와 사회를 위해 마음껏 능력을 펼칠 수 있도록 관습, 법률, 제도의 변화가 필요해요.

SDGs 6. 깨끗한 물과 위생
깨끗한 물과 위생적인 환경이 필요해요

안녕! 나는 아프리카 토고에 사는 열두 살 코시예요.

SDGs 6. 깨끗한 물과 위생

한국의 친구들, 안녕! 지금은 이른 새벽이에요. 나는 이 편지를 쓰고, 물을 길러 가야 해요. 낮이 되면 너무 더워서 사막을 가로질러 가기 어려워요. 해가 뜨기 전에 얼른 다녀와야 해요. 학교요? 학교는 못 다녀요. 매일 아침 물을 뜨러 가야 하니까요.

우리 마을에는 수도가 없어요. 우물도 없고요. 우리 집에서 세 시간쯤 걸어가면 마을 사람들이 공동으로 사용하는 물웅덩이가 있어요. 탁하고 냄새나는 흙탕물이에요. 사람이 마실 수 있는 물은 아니에요. 동물이 몸을 담그기도 하고, 소들이 똥을 싸 놓기도 하거든요. 그래도 어쩔 수 없어요. 그나마 이 물이 이 근처에서 가장 깨끗하니까요.

웅덩이 윗부분에 있는 물을 조심스럽게 떠서 플라스틱 통에 담아요. 그래야 진흙이 덜 섞이니까요. 올 때는 물이 담긴 통을 발로 데굴데굴 굴리면서 와요. 물통이 너무 무거워서 생각해 낸 방법이에요. 매일 물을 길러 모래밭, 자갈 가득한 길을 걷는 내 발은 늘 상처투성이예요. 신발이요? 없어요. 나는 태어나서 지금까지 신발을 신어 본 적이 없어요.

우리 집에서 왕복 6시간을 걸어서 물을 길어 올 사람은 나뿐이에요. 내가 가져오는 이 물이 우리 가족이 사용하는 하루치 물이에요. 나는 할머니, 누나, 남동생과 살아요. 엄마, 아빠는 돌아가셨어요. 물 때문이었지요. 더러운 물을 마시면 전염병에 잘 걸려요. 물 안에 있는 나쁜 바이러스가 사람 몸 안에 들어가서 그렇대요. 내가 아홉 살 때 아빠가 장티푸스에 걸렸어요. 열흘 넘게 열이 펄펄 나더니 끝내 세상을 떠나셨어요. 얼마 후 엄마까지 장티푸스에 걸려 목숨을 잃었어요. 나, 누나, 동생들은 할머니 집으로 가 있어서 전염병을 피할 수 있었어요. 왜 동생들이냐고요? 원래는 동생 한 명이 더 있었어요. 세 살이었던 여동생은 부모님이 돌아가신 그다음 해에 죽었어요. 더러운 물을 마시고 이질에 걸려, 열이 나고 설사가 멈추지 않았어요. 몸 안의 수분이 전부 빠져나간 듯, 온몸이 마른 나뭇가지처럼 변하더니 쓰러져서 눈을 뜨지 못했어요.

우리 가족은 모두 아파요. 할머니와 누나는 눈이 안 보여요. 할머니는 말씀하시죠.

"나는 늙어서 눈이 안 보이는 거야. 네 누나는 이제 겨우 열다섯 살인데, 눈이 안 보이니 어쩌면 좋으냐? 우리 형편에 병원에 데려갈 수도 없고……."

할머니는 밝고 어두운 정도만 구별하고, 누나는 사람의 형태를 겨우 알아볼 시력이 남아 있어요. 할머니 눈이 안 보이는 건 늙어서가 아니에요. 우리 마을에는 할머니처럼 눈이 안 보이는 사람이 많아요. 다 더러운 물 때문이에요. 오염된 물 안에 있는 나쁜 성분들이 몸 안에 계속 쌓이면서 눈의 신경을 멈추게 한 거래요. 그 웅덩이 물을 10년쯤 마시면, 모두 이렇게 시력을 잃어 가요. 사실 나도 요즘 오른쪽 눈이 뾰족한 송곳으로 긁는 것처럼 아파요. 양쪽 눈 모두 빨갛게 충혈되어 있어요. 나는 아프면 안 되는데, 걱정이에요. 내가 할머니, 누나 그리고 남동생 파울루까지 돌봐야 하거든요. 파울루는 태어날 때부터 피부병을 앓고 있어요. 매일 밤 피부를 긁느라 잠을 깊이 못 자요. 이것도 더러운 물 때문이죠. 나는 자다가 깨서 파울루 몸을 찬물 적신 수건으로 닦아 줘요. 그럼 파울루가 다시 스르르 잠들어요.

지난번에 우리 마을에 왔던 외국인 의사 선생님이 그러셨어요.

"여러분, 깨끗한 물을 마셔야 합니다. 깨끗한 물만 마셔도 지금 앓고 있는 병이 상당히 나아질 것입니다. 이 지역 아이들 수명이 짧은 것도 오염된 물 때문입니다."

그러면서 생수 한 병씩을 나누어 주셨어요. 세상에 이렇게 맑고 깨끗한 물이 있다니! 이런 물을 매일 마실 수 있으면 얼마나 행복할까요? 하지만 우리 마을에서는 이런 물을 구할 수 없어요. 읍내 가게에서 파는 생수 한 병이 0.7달러(한국 돈 900원 정도)예요. 내가 옥수수밭에서 일하면 하루에 0.8달러를 버는데, 어떻게 생수를 사서 마시겠어요.

　내 소원은 우리 마을에 우물이 생기는 거예요. 진흙을 가라앉혀 마시는 웅덩이 물이 아닌 깨끗한 물을 마음껏 마시고 싶어요. 할머니랑 누나 눈을 씻어 주고, 내 따가운 눈도 씻어 내면 세상이 환하게 보이겠죠? 내 동생의 가려운 피부도 깨끗한 물로 닦아 주고 싶어요. 그러면 매일 물을 길러 가지 않아도 되니까 나도 학교에 다닐 수 있을지도 몰라요.

　시간이 이렇게 된 줄도 모르고 편지를 쓰고 있었네요. 그만 쓸게요. 태양이 더 뜨거워지기 전에 물 길러 가야 해요. 한국 친구들, 다시 만날 때까지 안녕!

-아프리카 토고에서
코시 보냄

전 세계 인구 10명 중 3명은 안전하지 못한 물을 마시고 있어요

SDGs 6. 깨끗한 물과 위생 세부 목표

- 모든 사람이 안전하고 저렴한 식수를 공평하게 구할 수 있도록 합니다.
- 물 부족으로 고통받는 사람들이 줄어들도록 물을 재활용하거나 재사용하는 횟수를 늘립니다.
- 유해 화학 물질을 물에 흘려 보내는 행위를 최대한 줄이고, 처리되지 않은 폐수의 비율을 절반으로 줄입니다.
- 산, 숲, 습지, 강, 호수 등 물 관련 생태계를 보호합니다. 여러 나라들이 협력하여 수자원을 통합 관리합니다.

지구상에 있는 물의 97.5%가량은 바닷물이에요. 소금이 섞이지 않은 담수는 2.5% 정도예요. 그중 빙하, 만년설을 빼면, 인간이 마실 수 있는 물은 지구상에 1%가 채 되지 않아요.

현재 세계 인구의 40% 이상이 물 부족의 영향을 받고 있어요. 전 세계 인구 10명 중 3명이 안전하지 못한 물을 마시고 있어요. 오염된 물을 마시면 콜레라, 장티푸스, 이질 같은 수인성 전염병에 걸려요. 열이 오르고 설사하다가 죽음에 이르는 무서운 병이에요. 매일 1,000여 명의 어린이가 수인성 전염병과 위생 상태가 좋지 않아 걸리는 설사병으로 죽어요.

수질 오염도 심각해요. 농약과 비료가 섞인 산업용수, 인간이 사용하고 버린 생활 폐수 등 오염된 물의 80% 이상을 그대로 강이나 바다로 흘려보내요.

세계 인구 78억 명 중, 3분의 1 정도인 24억 명이 화장실 등의 위생 시설 없이 살아요. 8억 9,900만 명이 들판, 해안가, 강변에서 대소변을 처리해요. 수질을 더욱 악화시키는 원인이지요. 가축의 분변, 공장 폐수가 유입된 강물, 호숫물은 토양과 지하수를 오염시켜요.

　깨끗하지 못한 물은 인간의 건강을 해쳐요. 물이 모자라면 농사를 지을 수 없어 식량이 부족해져요. 개발 도상국 아이들은 물을 뜨러 다니느라 학교에 가지 못해요. 교육받지 못하니, 직업을 찾기 어렵지요. 결국 물 부족이 빈곤으로 이어지는 거예요.

　지난 100여 년 동안 세계 인구는 2배 늘어났는데, 물 사용량은 6배나 늘어났대요. 이 상태라면 2050년 세계 인구는 100억 명으로 늘고, 그중 50억 명이 물 부족을 겪을 것이라는 끔찍한 전망도 있어요.

자연이 인간에게 내려 준
푸른 황금을 공평하게 나눠요

    석유를 '검은 황금'이라고 불러요. 검은 액체가 엄청난 돈을 가져다주기 때문이죠. 요즘은 물을 '푸른 황금'이라고 해요. 물이 그만큼 비싸지고 있다는 뜻이에요. 물은 자연이 인간에게 내려 주는 선물이에요. 개인, 기업, 국가가 마음대로 하면 안 되는 인류 공동의 자산이에요.

    남아메리카에 자리한 볼리비아 정부는 경제가 어려워지자 세계은행에서 돈을 빌렸어요. 대신 볼리비아 제3의 도시 코차밤바의 수도 서비스를 미국 기업에 넘기라는 조건이 붙었어요. 기업은 '이윤을 추구하는 집단'이라는 것, 배웠지요? 미국 기업은 수돗물 가격을 거의 매달 올렸어요. 이윤을 남겨야 하니까요. 볼리비아 사람들은 한 달 수입의 5분의 1을 수도 요금으로 내야 했어요. 사람들은 비싼 수도 요금을 감당할 수 없게 되자, 빗물을 받거나 강물을 퍼 와서 사용했어요. 미국 기업은 코차밤바의 물은 모두 자기들 소유라고 주장했어요. 미국 기업의 압력을 받은 볼리비아 정부는 빗물, 강물 사용을 금지해 버렸어요. 안 그래도 비싼 수돗물 때문에 화가 난 사람들은 정부의 결정에 분노해 대규모 시위를 벌였어요. 국민이 일 년 넘게 격렬한 시위를 계속하자 미국 기업은 수도 서비스 사업을 포기하고 떠났어요. 코차밤바의 수도 서비스는 다시 정부가 운영하게 되었고요.

    볼리비아의 사례에서 배울 점은 물은 이윤 추구의 대상이어서는 안 된다는 거예요. 물은 모두가 사용하고 누리는 인간의 기본 권리예요. 슬로

베니아는 2016년에 헌법을 개정했어요. "모든 사람은 물 마실 권리를 가진다"라는 조항을 새로 넣었지요. 어떠한 상황에도 국가가 국민을 위해 물을 관리하겠다는 뜻이에요.

여섯 번째 지속가능개발목표, '깨끗한 물과 위생'에 도달하려면 개발도상국의 식수 문제를 해결하는 것이 시급해요. 섬나라 스리랑카는 대도시를 제외한 다른 지역에는 수도 시설이 거의 없어요. 농업 지역 사람들은 농사지을 때 사용한 화학 비료로 오염된 지하수를 그대로 마셨어요. 물에 들어 있는 화학 물질이 몸 안에 쌓이면서 신장병을 앓는 사람이 많아졌어요. 몇 해 전 대한민국은 공적 원조를 통해 스리랑카의 식수 문제 해결을 도와주었어요. 국내 기업의 뛰어난 정수 기술을 활용해 스리랑카 현실에 맞는 정수 설비를 개발해 준 거예요. 이 정수 시설로 주변 지역 사람들의 식수와 생활용수 부족 문제를 개선할 수 있게 되었어요. 물 문제를 해결하려면 나라 간의 협력이 필요해요. 인간의 생명을 좌우하는 물 문제를 해결하는 데는 국가 구분 없이 나서야 해요.

인류가 깨끗한 물을 계속 사용하려면 물 사용량을 줄여야 해요. 기후 변화로 가뭄이 자주 일어나고, 인구 증가, 산업 발달로 물 사용량은 계속 늘고 있어요. 우리는 일상에서 마시고, 음식을 만들고, 씻을 때 말고도 보이지 않게 물을 사용해요. 이를 '가상수'라고 해요. 어떤 물건을 만들 때 사용하는 물이지요.

쌀 1kg을 생산하려면 물 5,100ℓ, 콩 1kg을 얻으려면 물 3,400ℓ가 필요해요. 돼지고기 1kg을 생산하기 위해서는 물 1만 1,000ℓ가 들어가요.

작은 종이컵 한 잔 정도의 커피를 수확하려면 물 140ℓ, A4 용지 한 장을 만드는 데 물 10ℓ를 소비해요. 옷을 염색할 때, 스마트폰을 만들 때도 엄청난 양의 물이 필요해요. 옷이나 스마트폰을 만들려면 반드시 물로 세

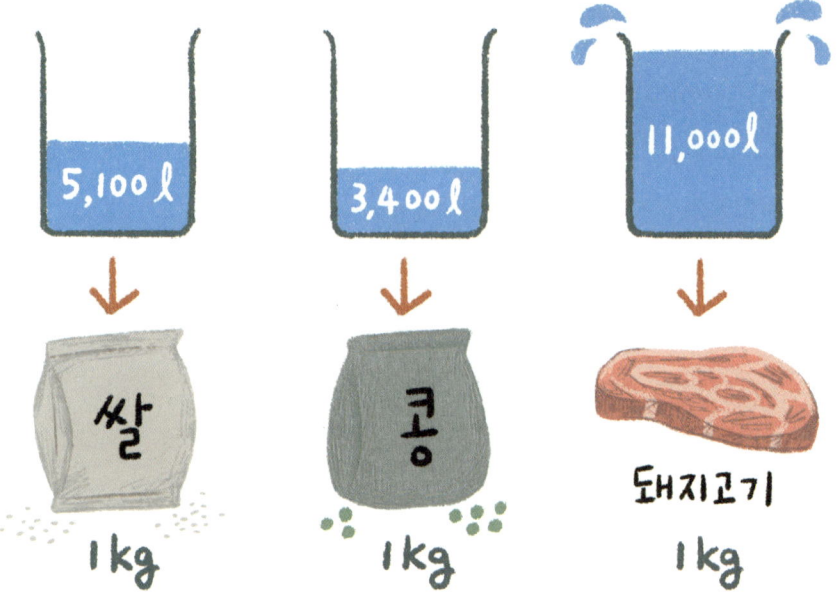

척하는 과정을 거쳐야 하거든요.

　우리는 보이지 않게 많은 물을 사용하고 있어요. 소비가 늘면서 가상수도 급격하게 증가하고 있고요. 가상수 사용을 줄이려면 쓸모없는 물건을 사지 않는 자제력, 필요 없는 물건은 재활용 가게에 기부하는 부지런함이 필요해요.

SDGs에 한 걸음 더 가까이

물이 없으면, 만들어 마신다!
- 와카 워터

이탈리아의 디자이너 아르투로 비토리는 에티오피아를 방문했다가 깜짝 놀랐어요. 여성이나 아이들이 매일 6~12시간을 걸어 물을 뜨러 가는 것을 보았거든요. 힘들게 떠온 물은 진흙이 잔뜩 섞이거나, 기생충에 오염되어 건강에 해로웠어요. 그는 물 부족으로 고통받는 아프리카 사람들을 도와주기 위해 '와카 워터'라는 장치를 생각해 냈어요.

공기 중에는 수증기 상태의 물이 있어요. 이 수증기는 기온이 높으면 공기와 함께 활발하게 돌아다니다가, 기온이 낮아지면 움직임이 둔해져요. 차가운 물체를 만나면 액체로 변해 한곳에 모이는 응결 현상이 발생해요. 새벽녘 차가워진 풀잎에 작은 물방울이 맺히는 것이 응결 현상이에요. 응결 현상은 낮과 밤의 온도 차가 클수록 더 자주 발생해요. 마침 에티오피아는 일교차가 무척 큰 지역이었어요.

와카 워터는 응결 현상을 이용해 공기 중의 물이 한곳에 모이게 하는 탑이에요. 대나무를 엮어 뼈대를 세우고, 나일론 그물망을 덧씌워요. 밤새 차가워진 수증기가 이 그물망에 이슬로 맺히죠. 아래에 놓인 커다란 대야에 이슬이 떨어지면, 이것을 식수로 사용해요. 와카 워터로 모을 수 있는 물은 하루에 최대 100ℓ나 된대요.

와카 워터는 주변에서 쉽게 구할 수 있는 재료로, 특별한 장비가 없이 만들 수 있어요. 제작 비용도 저렴하지요. 일주일 정도면 와카 워터 하나를 완성할 수 있어요. 마을에 와카 워터가 세워지면서 이 지역 아이

2016년 베네치아 비엔날레 국제 건축전에 소개된 와카 워터 모형.

들은 힘들게 물을 길으러 가지 않게 되었어요. 웅덩이 물보다 훨씬 깨끗한 물을 마시게 되었고요.

'와카'는 에티오피아에서 자라는 나무예요. 키가 20~25m나 될 정도로 크고, 넓게 잎을 펼치면서 자라요. 사람들은 와카 나무 아래에서 비가 오게 해 달라고 기도하고, 그늘에서 쉬기도 해요. 와카 워터라는 이름은 와카 나무 아래 사람이 모이듯, 깨끗한 물을 마시기 위해 온 마을 사람들이 이곳에 모인다는 의미를 담고 있어요.

와카 워터가 아프리카의 물 부족 문제를 모두 해결할 수는 없어요. 그래도 지혜를 발휘하면 식수로 사용할 물을 만들 수 있다는 희망을 주기에 충분했어요. 여성과 아이들이 물을 뜨러 다니는 고된 노동에서 벗어날 수 있게 해 주었다는 점도 큰 의미가 있어요.

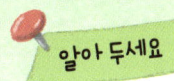
알아 두세요

물 때문에 전쟁이 일어난다고요?

세계 곳곳에서 물로 인해 분쟁이 일어났어요. 물 전쟁은 주로 두 개 이상의 나라에 걸쳐 흐르는 국제 하천에서 발생해요. 아프리카 동북부를 흐르는 국제 하천 나일강을 둘러싼 싸움은 1950년대부터 지금까지 계속되고 있어요. 1999년 이집트, 수단, 에티오피아 등 10여 개국이 모여 '나일강 유역 물 관련 장관 협의회'를 열면서 잠잠해지는 듯했어요. 그러나 2011년에 에디오피아가 나일강 상류에 거대한 댐을 짓겠다고 발표하면서 나일강의 물을 둘러싼 싸움이 다시 시작되었어요.

1967년, 이스라엘은 이웃 나라 시리아가 요르단강 상류에 댐을 건설하려 하자, 물이 흘러오지 않을 것을 우려해 전쟁을 일으켰어요.

1980년대, 인도의 펀자브 지방에서는 전쟁이 발생해 1만 5,000여 명이 죽었어요. 전쟁의 주요 원인은 강물을 공유하는 문제였어요.

터키, 시리아, 이라크는 티그리스강과 유프라테스강을 놓고 갈등하고 있어요. 터키는 더 많은 물을 확보하기 위해 강의 상류에 댐을 지었어요. 이 두 강에서 물을 얻어 생활하던 시리아와 이라크는 물이 부족해지자 크게 반발했어요. 물 때문에 일어난 세 나라의 분쟁은 아직도 해결되지 않았어요.

메콩강은 중국, 태국, 라오스, 캄보디아, 베트남을 흐르는 거대한 강이에요. 2010년 중국이 메콩강 상류에 댐을 건설했어요. 그러자 메콩강 유역에 자리한 나머지 나라는 중국이 협의도 없이 댐을 건설해 자기 나라에 들어오는 물을 막았다며 중국에 강하게 항의하고 있어요.

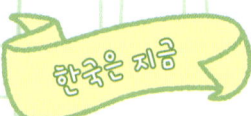

한국은 물 스트레스 국가

미국의 국제인구행동연구소(PAI·Population Action International)가 펴낸 보고서에 따르면 한국은 '물 스트레스 국가'예요. 이 연구소는 1인당 물 사용 가능량이 연간 1,000㎥ 미만이면 물 기근 국가, 1,000~1,700㎥ 미만이면 물 스트레스 국가, 1,700㎥ 이상이면 물 풍요 국가로 분류했어요. 우리나라의 1인당 연간 물 사용 가능량은 1,500㎥ 정도로, 이 기준에서는 물 스트레스 국가에 해당해요. 물 스트레스 국가는 주기적인 물 압박을 경험한다고 해요.

우리나라의 연간 강수량은 세계 평균보다 높은 편이에요. 그런데도 물 스트레스 국가로 지정된 이유가 있어요. 우리나라는 국토 면적은 좁은데 인구는 많아요. 얻을 수 있는 물의 양에 비해 물 사용량이 많은 거죠. 여름에 집중해서 비가 내려 일 년 내내 사용할 수 있는 물은 부족해요. 국토의 70%가 급경사의 산지 지형이라 물이 땅에 고여 있지 않고 대부분 바

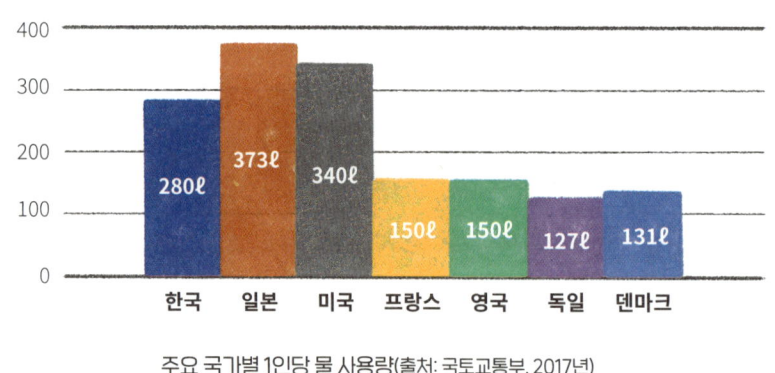

주요 국가별 1인당 물 사용량(출처: 국토교통부, 2017년)

다로 흘러가요. 실제 이용할 수 있는 물의 양이 강수량보다 훨씬 적은 거예요.

 그런데도 우리나라 사람들은 물이 부족하다고 느끼지 못하며 살아요. 수도꼭지만 틀면 항상 맑고 깨끗한 수돗물이 나오기 때문이죠. 우리나라의 상수도 수질은 세계 최고 수준이에요. 2019년 기준 상수도 보급률은 99.3%나 되고요. 우리나라의 1인당 물 소비량은 280ℓ로, 우리보다 이용할 수 있는 물의 양이 많은 유럽 국가의 약 두 배 수준이라고 해요.

 우리가 물이 풍족하다고 느끼는 이유는 온갖 기술을 동원해 하천과 호수에서 물을 끌어오고, 지하수를 퍼 올려서 마구 쓰고 있기 때문이에요. 우리나라의 하천과 호수는 계속 말라 가고, 지하수도 점점 줄고 있어요. 물 스트레스 국가인 한국은 사람 대신 하천, 호수, 지하수가 스트레스를 받는 중이에요.

SDGs 7. 모두를 위한 깨끗한 에너지
깨끗하고 안전한 에너지를 사용해요

안녕하세요? 한국 친구들! 양철 지붕 빈틈으로 햇볕이 스며드는 것을 보니 아침이네요. 나는 햇빛이 집 안으로 새어 들면 그제야 하루를 시작해요. 우리 집은 전기가 들어오지 않아요. 햇빛이 유일하게 우리 집을 밝히는 불빛이에요. 해가 없을 때는 집 안이 너무 어두워서 아무것도 할 수 없어요.

밝은 해는 반갑지만, 뜨거운 태양은 싫어요. 여름에 우리 마을 기온은 보통 40℃가 넘어요. 양철로 만든 우리 집은 뜨겁게 달구어져, 60~70℃까지 올라간답니다. 선풍기도 한 대 없어 집에 있으면 마치 철판에서 내 몸이 익어 가는 느낌이 든다니까요.

나는 우리 집의 첫째 딸이에요. 내가 밥을 지어 아빠와 동생 세 명을 먹여야 해요. 오늘 곡식 항아리에는 쌀 한 줌 정도밖에 남지 않았어요. 이걸로 온 가족이 먹기에는 어림없어요. 밥을 지을 땔감도 부족해요. 어제 스모그(smog, 연기(smoke)와 안개(fog)를 합친 말. 오염된 공기가 안개와 함께 한곳에 머물러 있는 상태)가 너무 심해서 땔감을 가지러 가지 못했거든요. 우리 동네에서 멀지 않은 곳에 석탄 공장이 있어요. 그곳에서는 늘 거무스름한 연기가 나요. 우리 마을은 평소에도 뿌연 스모그가 자욱해요. 석탄 공장에서 나오는 오염 물질이 공기에 섞여서 그렇대요. 스모그가 심한 날은 눈을 뜨기 어렵고 목이 따가워서 돌아다닐 수가 없어요.

새벽부터 아빠의 기침 소리가 거칠어요. 아빠는 기침하는 병을 앓고 있어요. 우리 아빠도 예전에는 석탄 공장에서 일했어요. 이제는 병이 생겨 일하러 갈 수 없지만요. 나는 기침하는 병을 잘 알아요. 우리 할머니와 엄마도 그 병으로 돌아가셨거든요. 기침하는 병은 석탄을 태울 때 나오는 이산화황이라는 독가스를 너무 많이 마셔서 생기는 거예요. 이 가스를 많이 마시면 피를 토할 때까지 기침하다가 호흡이 곤란

해져요. 결국 숨이 막혀 죽어요. 나는 아빠마저 그 병으로 돌아가실까 봐 두려워요.

아빠가 석탄 공장에 다닐 때는 참 좋았어요. 아빠가 하루 2달러를 벌어 오면 엄마는 우리를 위해 옥수수죽이나 쌀죽을 끓여 주었어요. 아빠가 가져온 석탄으로 음식도 하고요. 정확히는 공장에서 석탄을 만들고 버린 석탄 잔여물이었지요. 흙과 이름 모를 불순물이 섞이기는 했지만, 그때는 땔감을 구하러 다니지 않았어요. 우리 집은 한 칸짜리 집이라 따로 방이 없어요. 방 한쪽 끝, 솥이랑 냄비가 있는 곳이 부엌이에요. 바닥에는 작고 낡은 화덕이 있는데, 여기에 불을 피워 밥을 지어요. 연기가 빠져나가는 구멍이 따로 없어 불을 피우면 집 안에 연기가 가득 찬답니다.

요즘은 나랑 바로 밑에 남동생이 땔감을 구하러 가요. 땔감을 구하려면 네 시간을 걸어가야 해요. 왕복 여덟 시간이죠. 예전에는 걸어서 두 시간 거리에서 구할 수 있었는데, 지금 그 산에는 나무 한 조각 남아 있지 않아요. 사람들이 연료로 사용하려고 나무를 전부 베어 버렸어요. 이제는 나무를 베면 안 돼요. 정부에서 금지했거든요. 오늘처럼 나무가 없을 때는 동물의 똥이나 쓰레기를 태워서 불을 피워요. 요즘은 동물의 똥도 구하기 어려워서 쓰레기를 태워서 밥을 지을 때가 더 많아요.

가끔 행운이 일어날 때도 있어요. 그날도 땔감을 구하러 가는 길이었어요. 나무를 싣고 가던 트럭이 내 앞을 휙 지나가면서 흙먼지를 일으켰어요. 흙먼지에 눈을 감았다가 떠 보니 트럭에서 나무토막 몇 개가 떨어졌지 뭐예요! 트럭 기사 아저씨는 그것도 모르고 빠르게 가 버렸고요. 그 나무토막을 주워 와서 밥을 지었어요. 네 시간을 걸어가지 않고도 땔감을 구했던 그날은 정말 기분이 좋았어요.

한 달쯤 전에는 혼자 땔감을 안고 오다가 들개 떼를 만났어요. 굶주린 들개들이 나를 슬슬 쫓아와서 으르렁댔어요. 나는 너무 무서워서 도망칠 수도, 움직일 수도 없었어요. 들개와 눈이 마주쳤는데 공포가 밀려왔어요. 마침 그때 멀리서 오토바이를 타고 지나가던 아저씨가 나를 보고 달려왔어요. 아저씨는 나를 재빨리 오토바이에 태워 멀리 달아났어요. 나는 엉엉 울면서 아저씨에게 고맙다고 인사했어요. 사실 들개 떼를 피하느라 가져온 땔감을 잃어버린 것이 슬퍼서 더 눈물이 났어요. 그날 이후 남동생과 함께 다녀요. 나 혼자 가는 것은 너무 무서워요. 동생이랑 가면 더 많은 나뭇가지를 주워올 수도 있고요.

남은 나뭇가지 몇 개랑 쓰레기를 화덕에 모아 놓고 불을 붙였어요. 벌써 집 안에는 연기가 가득해요. 이럴 때는 나도 기침을 참을 수 없어요. 가끔 가슴 부근이 찢어지듯 아플 때도 있어요. 그래도 동생들이 일어나기 전에 쌀죽을 끓여 놓아야 해요. 바빠서 그만 쓸게요. 한국 친구들, 이제 안녕!

-인도에서
니키타 보냄

세계 인구의 13%가 전기 없는 환경에 살고 있어요

SDGs 7. 모두를 위한 깨끗한 에너지 세부 목표

- 모든 사람이 저렴하고, 믿을 만한 현대적 에너지를 사용할 수 있도록 합니다.
- 전 세계적으로 신재생 에너지 사용 비율을 대폭 늘립니다.
- 신재생 에너지, 효율 높은 에너지, 안전한 화석 에너지 개발에 필요한 투자를 늘리고, 국제 협력을 강화하여 깨끗한 에너지를 만드는 데 힘씁니다.
- 개발 도상국이 지속가능한 에너지를 사용할 수 있도록 기술을 발전시킵니다.

2003년 여름, 미국은 엄청난 더위에 시달렸어요. 에어컨 등 냉방기 사용이 늘어나 전력 사용량도 급격하게 올랐어요. 결국 미국 동부와 캐나다 동부 지역에 최악의 정전 사태가 발생했어요. 정전으로 지하철이 멈추고 버스, 기차를 비롯한 대중교통이 마비되었어요. 신호등이 고장 나 도로는 혼란에 빠졌어요. 휴대 전화도 당연히 먹통이었고요. 전기가 들어오지 않아 켜 놓았던 촛불 때문에 여기저기서 불이 났어요. 냉장고를 사용할 수 없게 된 상점은 냉장·냉동 식품을 모두 버려야 했어요. 3일가량 이어진 정전으로 온 사회가 마비되었어요.

우리는 에너지 없이 단 한 순간도 살 수 없어요. 불을 밝히고, 에어컨을 켜고, 자동차를 타고, 따뜻한 물로 샤워하면서 막대한 양의 에너지를 쓰고 있어요. 이런 에너지 대부분은 석탄, 석유, 가스 같은 화석 연료에서 얻어요.

화석 에너지는 지구에 이상 기후 현상을 일으키는 기후 변화의 주범이에요. 석유나 석탄이 탈 때 나오는 이산화 탄소가 대기 온도를 높여 지구 온난화를 일으켜요. 현재 전 세계 온실가스의 60%를 화석 에너지가 배출해요.

화석 에너지의 대안으로 떠오른 신재생 에너지는 2015년 기준으로 전체 에너지 사용 비중의 17.5% 정도를 차지해요. 10여 년 동안 수력, 태양열, 풍력 에너지가 크게 발전한 결과지요. 하지만 화석 에너지를 완전하게 대체하지는 못해요.

선진국에서는 풍족하게 사용하는 에너지를 개발 도상국은 쉽게 사용할 수 없어요. '에너지 불평등'이 일어나는 거예요. 에너지를 생산하는 발전소, 공급하는 시스템을 만들려면 큰돈이 들어요. 경제가 발전하지 않은 개발 도상국은 에너지 관련 시설을 짓기 어려워요. 에너지 생산에 필요한 재료를 사기도 여의찮아요.

세계 인구의 13%가 전기가 없는 환경에서 살고 있대요. 약 30억 명이 유해 가스가 발생하는 나무, 석탄, 숯, 동물성 폐기물 등으로 요리와 난방을 해요. 그로 인한 실내 공기 오염으로 사망한 사람이 2012년 기준 무려 430만 명이나 된답니다. 그중 60%가 부엌에서 불을 사용하는 여성 혹은 여자 어린이였고요.

세계 인구의 **13%**가
전기 없는 환경에서
살고 있는 상태

전기를 사용할 수 없는 사람들의 절반 정도는 아프리카 사하라 사막의 남쪽 지역에 살고 있어요. 전기가 없는 지역 어린이들은 공부하는 것도 쉽지 않아요. 해가 지고 어두워지면 공부나 독서를 할 수 없으니까요.

전기가 없으면 학교나 병원을 운영하기 어려워요. 농사에 필요한 농기계를 사용하거나, 공장을 세우는 것도 불가능해요. 전기가 부족해 지역 발전이 느려지고, 경제가 성장하지 못해 더욱 가난해지는 악순환이 일어나요.

믿을 수 있고, 지속가능한
신재생 에너지를 사용해요

지금부터 사용할 미래의 에너지는 저렴하고, 안전하고, 깨끗하고, 지속적으로 사용할 수 있어야 해요. 저렴하다는 것은 적은 돈으로 필요한 양을 구입할 수 있어야 한다는 뜻이에요. 모두가 사용할 수 있을 만큼 충분한 양이어야 하고요. 1990년, 이라크는 쿠웨이트를 공격했어요. 쿠웨이트 땅에 묻힌 석유를 차지하기 위해서였지요. 전쟁 기간에 석유 생산이 불안정해지면서 석유 가격은 끝 모르고 올라갔어요. 석유를 가진 국가의 상황이나 결정에 따라 석유 가격은 올랐다, 내렸다 해요. 석유는 생활을 편리하게 하지만, 미래의 에너지가 될 수 없어요. 가격 변동 때문에 모든 사람이 마음 놓고 사용할 수 없거든요. 또 석유를 차지하려고 끊임없이 분쟁이 일어나고 있기 때문이에요.

미래의 에너지는 안전해야 해요. 원자력 에너지는 화석 에너지의 대안으로 등장했어요. 우라늄이 핵분열 할 때 발생하는 열에너지를 이용해 전기를 만드는 방식이지요. 우라늄은 가격이 싸고, 석탄이나 석유처럼 온실가스를 배출하지 않아요. 적은 양으로 많은 에너지를 생산할 수 있고요. 우라늄 1kg에서 얻는 에너지가 석탄 3백톤에서 만들어 내는 에너지의 양과 비슷하대요. 그러나 원자력 에너지는 심각한 문제를 안고 있어요. 원자력 발전 과정에서 '방사능'이라는 물질이 만들어져요. 방사능은 암, 심장병, 선천성 기형, 지능 저하, 폐 질환 등의 병을 일으켜요. 1986년, 우크라이나 체르노빌에서 원자력 발전소가 폭발하면서 방사능이 바깥으로 새어 나오는 사고가 일어났어요. 이후 주변 마을 사람들의 암 발생률이 크게 늘었어요. 주변 생태계는 파괴되었고요. 원자력 에너지를 생산하고 난 핵폐기물은 수천 년, 수만 년이 지나도 독성이 그대로 남아 있어요. 안전하지 못한 원자력 에너지는 인류가 지속하여 사용할 미래 에너지가 아니에요.

'저렴하고, 안전하고, 깨끗하고, 지속 사용할 수 있는' 조건에 딱 맞는 에너지가 바로 신재생 에너지예요. 신재생 에너지는 새롭다는 뜻의 '신(新)'과 다시 사용할 수 있다는 뜻의 '재생(再生)'을 합친 말이에요. 신재생 에너지는 이전에는 없던 자원을 개발해 에너지를 만드는 방식이에요. 수소 에너지, 연료 전지(수소와 산소를 화학적으로 반응시켜 전기를 생성하는 장치), 석탄 액화·가스화(석탄을 휘발유 같은 액체 혹은 가스로 만들어 이를 전기 생산에 사용하는 기술) 등이 있어요. 수소 에너지는 물을 분해하면 얻을 수 있는 수소를 이용해 에너지를 만드는 새로운 기술이에요. 자동차, 비행기 등에 사용할 수 있어 주목받고 있어요.

재생 에너지는 자연에 존재하는 것 중에 계속 사용해도 다시 생겨나는 에너지예요. 태양을 이용한 태양열 에너지와 태양광 에너지, 바람을 이용한 풍력 에너지 등이 있어요. 요즘은 쓰레기를 이용한 폐기물 재생 에너지 연구도 활발해요.

신재생 에너지는 시간이 지나도 사라지지 않아요. 계속 재생산할 수 있지요. 어느 장소에서나 쉽게 구할 수 있고, 값도 저렴해요. 화석 에너지처럼 공해를 일으키지 않고, 원자력 에너지처럼 위험하지도 않아요. 영국은 석탄을 많이 사용해 늘 매연이 심했답니다. 1952년 12월, 석탄에서 뿜어져 나온 매연과 안개가 결합해 심각한 스모그 현상(대도시나 공업 지역에서 대기 속의 먼지나 매연 입자가 수증기와 엉겨 붙어 안개처럼 되는 현상)이 발생했어요. 5일 동안 계속된 스모그로 병을 얻은 런던 시민 1만 2,000여 명이 목숨을 잃었어요. 이후 영국은 석탄 사용을 줄여 가기로 했어요. 화석 에너지를 점차 신재생 에너지, 그중에서도 풍력 에너지로 바꾸었어요. 그 결과, 2020년에는 풍력 에너지 사용 비율이 전체의 24%까지 올라갔어요. 영국은 화석 에너지를 줄인 대가로 푸른 하늘, 맑은 공기를 되찾았어요.

앞으로 신재생 에너지 사용을 늘리기 위해서는 극복할 문제들이 있어요. 신재생 에너지의 재료비는 싸지만, 에너지를 생산하는 시설을 짓는 초기 비용이 많이 들어요. 한꺼번에 많은 양의 에너지를 생산하기도 어려워요. 화석 에너지와 비교해 에너지 효율(에너지가 전환되는 과정에서 손실되는 에너지의 양)이 떨어지는 것도 개선할 점이에요. 그래도 신재생 에너지에 집중해야 하는 이유는 분명해요. 환경 문제, 자원 고갈 문제, 에너지 불평등 문제, 에너지를 차지하려는 분쟁 문제를 해결할 수 있는 최선이자, 유일한 대안이기 때문이에요. 다행히 과학자, 공학자들이 신재생 에너지의 비용은 줄이고, 효율을 늘리는 방법을 찾기 위해 연구를 계속해서 최근 좋은 성과를 거두고 있어요.

땔감 대신 태양열을 모아 조리해요
— 셰플러의 태양열 조리기

인도, 케냐 등 개발 도상국에는 전기나 가스가 공급되지 않는 지역이 많아요. 이 지역에서는 주로 나무를 태워서 식사를 준비해요. 조리에 필요한 땔감을 구하려면 40℃가 넘는 불볕더위와 거친 사막을 뚫고 몇 시간을 걸어가야 해요. 땔감을 구하는 일은 주로 여성이나 어린이들이 해요. 가는 동안 야생 동물의 공격을 받거나, 나무를 몰래 가져오다가 경찰에 잡히기도 해요. 어렵게 땔감을 구해 온 뒤에는 매캐한 연기를 맡으며 음식을 해요. 이때 나오는 연기 때문에 폐 질환에 걸리는 사람이 많아요.

독일의 발명가 볼프강 셰플러는 개발 도상국 여성들을 보면서 태양열 조리기를 발명했어요. 이 조리기는 반사판으로 태양열을 모아, 그 열을 조리 기구로 보내 음식을 익히는 방식이에요. 태양을 추적하는 센서가 있어 빛의 방향이 달라져도 태양열을 모을 수 있답니다. 셰플러가 개발한 조리기는 최대 1,500℃까지 올라가고, 설치 비용이 저렴해요. 열을 저장해 두었다가 밤이나 겨울에 사용할 수도 있어요.

볼프강 셰플러가 고안한 태양열 조리기.

셰플러 조리기 덕분에 여성들의 고통이 줄었어요. 힘들게 땔감을 구하러 가지 않아도 되고, 나쁜 연기를 맡으며 요리할 필요가 없어졌지요. 태양열 조리기로 물을 끓여 먹은 뒤로는 오염된 물을 마셔서 생기던 질병도 줄었대요. 땔감을 구하러 다니던 시간에 밭일을 할 수 있어 농작물 생산량은 늘었어요. 땔감을 위해 나무를 베는 일이 줄어 환경 보호 효과도 있어요.

셰플러가 태양열 조리기를 만드는 기술로 세계 특허를 냈다면 큰돈을 벌었을 거예요. 하지만 그는 개발 도상국을 돌며 태양열 조리기 제작 기술을 무료로 가르쳐 주었어요.

셰플러의 태양열 조리기는 현재 인도, 케냐 등 20여 개국에서 사용하고 있어요. 일반 가정뿐 아니라 병원과 회사 등에서도 이용하고 있다고 해요.

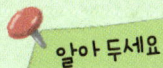 알아 두세요

8월 22일에는 불을 끄고, 별을 켜요!

매해 8월 22일은 에너지의 날이에요. 2003년 여름은 전 세계가 펄펄 끓는 무더위에 시달렸어요. 유럽 전체에서 약 7만여 명이 더위로 목숨을 잃을 정도였지요. 더위가 어찌나 심했는지 알프스 빙하가 녹아 산사태와 홍수가 일어나기도 했어요.

우리나라도 사정은 비슷했어요. 2003년 8월 22일, 우리나라는 역대 최대 전력 소비량을 기록했어요. 냉방기 가동이 최대로 올라갔기 때문이에요. 이 일을 계기로 8월 22일을 '에너지의 날'로 기념하고 있어요. 에너지의 중요성을 알리고, 친환경, 신재생 에너지 사용을 늘리자는 취지였지요. 2004년부터는 전 국민이 에너지 절약에 동참할 수 있는 행사를 진행하고 있어요. 8월 22일 저녁 9시부터 5분 동안 불을 끄는 행사가 대표적이에요. 2020년, 전국에서 단 5분 동안 불을 껐더니, 전기차 1만 2,000대를 동시에 충전할 수 있는 에너지를 아낄 수 있었어요.

SDGs 8. 좋은 일자리와 경제 성장
좋은 일자리를 늘리고, 경제를 성장시켜요

나는 아프리카의 서쪽 나라 코트디부아르에 사는 열 살, 디디에랍니다.

SDGs 8.
좋은 일자리와 경제 성장

안녕하세요? 여러분은 초콜릿 좋아하나요? 한국에서 먹는 초콜릿 중에 어쩌면 내가 수확한 카카오로 만든 초콜릿이 있을지도 몰라요. 코트디부아르는 전 세계적으로 카카오를 많이 생산하기로 유명한 나라예요.

나는 초콜릿의 원료가 되는 카카오 농장에서 일해요. 학교는 다니지 않아요. 1학년 때까지는 학교에 다녔는데, 코로나19 때문에 올해는 학교가 문을 닫았어요. 다시 열려도 가지 못할 거 같아요. 학교에 가지 않는 동안 농장에서 일하는 시간을 늘렸거든요. 어차피 카카오를 수확하는 10월에서 이듬해 2월까지는 학교에 가지 못하는 날이 더 많았어요. 학교에 다닐 때는 오후만 일해서 0.25달러(한국 돈 330원 정도)를 받았어요. 지금은 오전 7시부터 오후 7시까지 일하고 하루에 0.34달러를 받아요. 한국 돈으로는 440원쯤 될 거예요. 나는 그 돈을 잘 모았다가 2주에 한 번 엄마가 찾아오면 드려요. 우리 집은 엄마만 일해서는 먹고살 수 없어요. 내가 번 돈을 합쳐야 가족들이 하루 한 끼라도 먹을 수 있어요.

나는 일곱 살 때부터 카카오 농장에서 일했어요. 그때는 너무 작아서 형들이 하는 일을 도왔어요. 이제는 10m쯤 되는 카카오나무에 올라갈 수 있고, 무거운 카카오 자루도 혼자 옮길 수 있어요. 내가 하는 일이 얼마나 많은지 알면 깜짝 놀랄걸요? 카카오 농사는 기계가 대신할 수 없는 일이 대부분이에요. 일일이 사람 손을 거쳐야 하죠. 카카오 열매는 한 나무에 열려 있더라도 익는 속도가 달라서 사람이 직접 열매가 익은 상태를 확인하고 따야 해요. 카카오 열매를 딴 후에는 길이가 40cm쯤 되는 마체테(날이 넓은 긴 칼)로 껍질을 벗겨요. 겉껍질이 워낙 두껍고 단단해서 크고 무거운 마체테로만 껍질을 벗길 수 있어요. 카카오 열매 안에 들어 있는 하얀 씨앗을 꺼내서 뜨거운 햇볕에서 바싹 말려요. 그럼 카카오 콩이 돼요. 마른 카카오 콩을 커다란 자루에 담아요. 내 몸무게보다 무거운 30kg짜리 자루를 등에 메고 산길을 걸어서 도매상에 가져다주어요. 나는 이 모든 일을 할 수 있답니다. 틈틈이 카카오나무 가지치기, 주변 풀 뽑기, 병든 열매 치우기, 농약 주기도 해요.

왜 열 살 어린이가 이런 일을 하냐고요? 세상 사람들이 싼값의 카카오를 원하기 때문이죠. 어른이 일하면 하루에 2달러를 주어야 하는데, 아이에게는 그 돈의 반, 아니 반의반만 주면 되니까요. 나는 며칠 전 안드레 형이 열두 살이라는 이유로 하루에 0.5달러를 받는다는 사실을 알았어요. 가만히 있을 수 없었죠. 농장 주인을 찾아가 따졌어요.

"형들하고 똑같이 일하는 데 하루 0.34달러는 너무 적어요. 나도 0.5달러로 올려 주세요."

"뭘 모르는 한심한 녀석이군! 나도 남는 게 없어. 초콜릿 판매 가격의 5% 정도를 벌 뿐이라고. 카카오를 싸게 사려는 식품 대기업들 때문에 어쩔 수 없어. 싫으면 그만둬! 너 아니어도 일할 애들은 많으니까."

화나고 억울했지만, 그냥 돌아올 수밖에 없었어요. 내가 일자리를 잃으면 우리 가족이 굶으니까요.

농장 주인은 우리에게 하루에 한 번 카사바(고구마처럼 생겨 탄수화물

이 풍부한 열대 지방 작물) 죽을 줘요. 이걸 먹고 열두 시간 넘게 일하면 배가 너무 고파요. 코트디부아르에서는 어린이나 청소년이 일하는 것은 불법이에요. 하지만 그 법을 지키는 사람은 거의 없어요.

지난여름에는 카카오나무에 농약을 주다가 기절해 버렸어요. 입을 꾹 다물고 농약을 주었는데도 농약이 코를 통해 내 몸 안에 너무 많이 들어왔나 봐요. 친구들이 찬물을 들이붓고, 온몸을 주물러 주어 몇 시간 만에 겨우 깨어났어요. 한 달 넘게 세상이 빙빙 도는 듯 어지럽고, 속이 메스꺼웠어요. 먹은 것도 없는데 매일 토했어요. 내 친구 시아카는 나무에 올라가 전기톱으로 카카오 열매를 자르다가 왼쪽 손가락 세

개를 잃었어요.

식품 회사는 내가 농사지은 카카오 열매를 사가 초콜릿으로 가공해서 미국, 독일, 프랑스, 영국, 일본, 한국 등 선진국에 팔아요. 초콜릿 중에는 10달러, 100달러짜리도 있대요. 가게에서 초콜릿이 1,000원에 팔리면 카카오 농장에서 일하는 아이들이 받는 돈은 고작 20원 정도인데, 나머지 돈은 도대체 누가 가져가는 걸까요?

나는 매일 카카오 농장에서 도망치는 꿈을 꾸어요. 앞으로도 이렇게 힘든 일을 계속해야 한다는 게 끔찍해요. 하지만 가족을 생각하면 그럴 수 없어요. 카카오 농장은 대부분 깊은 산속에 있어서 도망치기도 어렵고요. 농장 주인은 우리가 도망치지 못하도록 아이들이 자는 시간에 숙소 문을 커다란 자물쇠로 잠가요. 도망에 성공해도 또 어디선가 일을 해야 할 텐데, 코트디부아르에서는 좋은 일자리를 얻기가 쉽지 않아요. 나는 어둡고 긴 카카오 동굴에 갇혀 있는 것 같아요. 누군가는 카카오가 향기롭고 달콤하겠지만, 나에게는 쓰고, 맵고, 아린 맛이 나는 열매랍니다. 이야기하다 보니 눈물이 흐르네요. 그럼 이만 쓸게요. 한국 친구들, 안녕!

-아프리카 코트디부아르에서
디디에 보냄

전 세계에는 일하는 어린이가 1억 6,000만 명이나 있어요

SDGs 8. 좋은 일자리와 경제 성장 세부 목표

- 개발 도상국, 최빈국은 연간 7% 이상 GDP(한 나라 안에서 생산된 물건, 서비스 등 모든 시장 가치를 더한 값)를 성장시킵니다.
- 청년과 장애인, 모든 여성과 남성을 위한 좋은 일자리를 만들고, 같은 노동을 하면 임금을 같게 지급합니다.
- 이주 노동자, 이주 여성, 불안정한 고용 상태에 있는 노동자 등 모든 노동자의 권리를 보호하고 안전한 근로 환경을 만듭니다.
- 강제 노동, 현대판 노예제, 인신매매를 끊고, 모든 형태의 아동 노동을 완전히 없앱니다.

일할 능력과 의사가 있지만, 일자리가 없는 상태를 '실업'이라고 해요. 2017년 기준 전 세계 실업률은 5.6%이에요. 2000년 6.4%에서 줄어든 수치지만, 몇 년 동안 이어진 코로나19로 경제가 어려워지면서 일자리를 잃은 사람이 다시 늘고 있어요.

실업 상태는 아니지만, 충분한 수입을 얻지 못하는 경우도 많아요. 이들은 직업이 있어도 실업 상태보다 나을 바 없는 생활을 하고 있어요.

이런 문제들을 해결할 방법은 '좋은 일자리'예요. 스스로 먹고살기 위해서는 일자리가 기본이거든요. 좋은 일자리는 인간다운 삶이 가능한 수준의 돈을 받을 수 있는 일을 가리켜요. 열 살짜리 디디에가 하루 0.34달러를 받으며 일하는 카카오 농장은 좋은 일자리가 아니에요.

유엔에서는 "소비와 생산 방식을 개선하여 좋은 일자리를 만들자"라는 목표를 발표했어요. 2016년 기준으로 전 세계 근로자의 61%가 비공식 고용 형태로 일하고 있어요. 비공식 고용이란 법이 정한 최저 임금을 주지 않는다거나, 사회가 지정한 보험에 가입하지 않는 등 안전하고, 지속적인 노동 환경이 아닌 것을 말해요.

"나이, 성별, 장애에 따른 차별 없이 같은 일을 하면 똑같은 돈을 줘야 한다"라는 지침도 내놓았어요. 그러나 현실에서는 남성과 여성의 임금 격차는 23%에 이르고 있어요. 똑같이 일해도 여성은 남성이 받는 돈의 77%만 받는다는 뜻이에요.

또 하나 눈여겨봐야 할 것은 '아동 노동' 문제예요. 먼저 아동 노동이 무엇인지 설명할게요. 유엔 '아동권리조약'에서 정한 아동은 18세 미만의 어린이와 청소년이에요. 노동은 생활에 필요한 음식이나 물건을 얻을 목적으로 일하는 것을 말해요. 아동 노동은 5~17세 어린이가 생활비를 벌기 위해 일한다는 뜻이에요. 열두 살 A는 아빠가 운영하는 가게에서 한 시간 동안 청소를 돕고 1만 원을 받았어요. 이 돈으로 친구들과 떡볶이를 사 먹었죠. A와 똑같은 나이인 B는 가구 공장에서 다섯 시간을 일해서 5만 원을 벌었어요. 이 돈으로 엄마가 드실 쌀을 샀어요. A와 B 모두 부모님을 도운 행위는 같아요. 하지만 A는 아동 노동이 아니고, B는 아동 노동에 해당해요. B는 의무 교육을 마치지 않은 어린이가 생계를 위해 오랜 시간, 위험한 곳에서 일했기 때문에 '아동 노동'이에요.

국제노동기구(ILO)는 "의무 교육을 받는 시기 또는 15세 미만의 아동 노동은 어떤 경우에도 금지해야 한다"라고 말해요. 아동기는 몸과 마음이 자라는 시기예요. 이 시기에 고된 일을 하면 신체가 건강하게 자라지 못해요. 일에서 생기는 스트레스로 건강한 정신을 갖기 어려워요. 아동

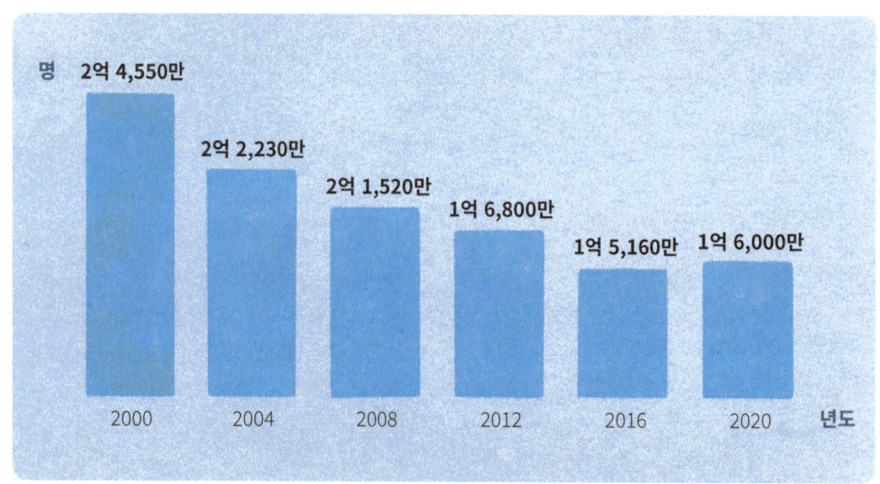

전 세계 아동 노동 인구 (출처: 유니세프, 2020)

노동자는 제대로 교육받지 못해 성인이 되어 직업을 선택할 때 제약이 있어요. 글자나 숫자를 모르는 어른이 할 수 있는 일은 임금이 적은 힘든 일들 뿐이니까요. 결국 가난이 지속되고, 가난이 자식에게 대물림되는 절대적 빈곤 상황을 벗어나지 못하는 거예요.

이 순간에도 일부 개발 도상국의 어린이들은 학교에 가지 못하고 '좋지 않은 일자리'에서 강제로 일하고 있어요. 어린이를 노동자로 사고파는 일이 아직도 일어나요. 방글라데시의 옷 공장, 우즈베키스탄의 목화 농장, 인도네시아의 팜 농장에서 수많은 어린이가 강제 노동에 시달리고 있어요. 최근 경기 침체, 코로나19로 부모들이 일자리를 잃거나, 수입이 줄어들면서 어린이가 일터에 나가 돈을 버는 사례가 더 늘었어요. 2021년 국제노동기구와 유니세프가 펴낸 보고서에 따르면, 전 세계에서 일하는 어린이가 1억 6,000만 명에 이른다고 해요.

어린이를 위한 일자리는 사라져야 해요

지속적이고, 충분한 수입을 얻는 '좋은 일자리'가 늘어나면 전 세계의 빈곤, 기아, 아동 노동 문제는 훨씬 줄어들 거예요. 하지만 일자리는 경제 성장과 복잡하게 얽혀 있고, 해결이 어려워요. 여기서는 8번의 여러 세부 목표 중에서 아동 노동을 없애는 문제를 생각해 보기로 해요.

결론부터 말하면 어린이에게 좋은 일자리는 없어요. 아니 있으면 안 돼요! 어린이가 할 일은 학교에 가고, 친구들과 뛰어놀고, 미래를 위한 멋진 꿈을 꾸는 거니까요. 일자리, 실업이 어른들만의 문제는 아니에요. 어린이에게도 많은 영향을 미쳐요. 부모님이 일자리를 잃으면 가계 수입이 줄어 생활의 질이 떨어져요. 디디에의 엄마에게 좋은 일자리가 있었다면, 디디에가 힘들게 카카오 농장에서 일하지 않았을 거예요.

아동 노동을 없애는 가장 좋은 방법은, 부모가 아이들이 버는 돈보다 더 많은 돈을 받는 좋은 일자리를 갖는 거예요. 부모가 일해서 가족 모두 먹고살 수 있으면 아이들까지 돈을 벌지 않아도 되니까요.

기업에 "어린이 노동이 들어간 제품을 생산하지 말고, 공정하게 거래하라"라고 요구하면 아동 노동을 없애는 데 도움이 된답니다. 일부 기업은 어린이가 좋아하는 초콜릿, 엄마가 마시는 커피, 최신 유행을 따르는 패스트 패션 브랜드의 옷을 싸게 생산하기 위해 어린이의 값싼 노동력을 이용해요. 이들 기업은 "우리는 아동 노동을 시킨 적이 없다"라고 발뺌해요. 그냥 카카오를 싸게 샀을 뿐, 농장에서 일어난 일은 모른다는 거죠. 기업이 농사를 짓는 어른에게 정당한 대가를 지급하도록 농장을 관리한다면, 어린이를 착취한 농장의 카카오를 사지 않는다면 어떨까요? 물론 단번에 아동 노동이 사라지기는 힘들 거예요. 그렇더라도 계속 관심을 가지고, 아동 노동을 멈추라고 기업에 소리쳐야 고된 노동으로 고통받는 어린이 숫자가 줄어요.

아동 노동을 없애기 위해 소비자인 우리가 할 수 있는 일은, 어린이의 노동력을 이용해 생산한 물건을 사지 않는 거예요. 앞으로는 초콜릿, 바나나, 설탕, 옷, 커피를 살 때 꼼꼼하게 따져 보기로 해요. 생산자에게 적절한 값을 치른 제품인지, 싸게, 많이 팔기 위해 아동 노동을 이용한 제품은 아닌지를요.

가정의 행복을 가져온 좋은 일자리
- 가나 공정무역협동조합 '쿠아파 코쿠'

아프리카 서부에 있는 가나는 세계에서 카카오를 두 번째로 많이 생산하는 나라예요. 일 년 내내 기온이 높고 비가 많이 내려 카카오 농사에 알맞거든요. 이곳 농부들은 부유하지는 않지만, 먹고살 걱정은 없었어요. 그런데 세계 초콜릿 시장이 커지면서 이웃 나라들이 앞다투어 카카오 농사에 뛰어들었고, 카카오 콩 생산량이 급격하게 늘었지요. 사려는 사람은 그대로인데, 팔려는 사람이 많아지니 카카오 콩의 가격은 내려갔어요. 더는 카카오 농사를 지어서 먹고살 수 없게 되었어요. 카카오 농사를 짓던 사람들은 하나둘씩 도시의 일자리를 찾아 떠났어요. 마을에 남은 농부들도 고민이 컸어요.

문제는 또 있었어요. 그동안은 가나 정부가 카카오 콩을 한꺼번에 수매해서 수출까지 했는데, 이 권한을 거대 식품 기업들에 넘긴 거예요. 거대 식품 기업들은 어떻게든 카카오 콩을 싸게 사려고 했어요. 카카오 콩은 수확을 하면 시간이 지날수록 맛과 향기가 사라져 상품성이 떨어져요. 농부들은 카카오 콩을 헐값에 넘길 수밖에 없었어요. 카카오 콩값이 내려가 농부들은 점점 가난해지는데, 거대 식품 기업은 점점 부자가 되었어요.

이때 가나의 농부들은 힘을 합치기로 해요. 함께 농사짓고, 함께 카카오 콩을 팔아 이익을 나누는 '협동조합'을 만들기로 한 거예요. 협동조합의 이름은 '좋은 카카오 농부'라는 뜻을 지닌 '쿠아파 코쿠'라고 지었어요. 그러자 변화가 일어났어요.

"카카오 콩을 팔 때 혼자 협상하지 말고, 함께 모여서 합시다. 그러면 조금이라도 돈을 더 받을 수 있을 거 아니오?"

"카카오 콩의 품질을 높이려면 햇볕에 잘 말려야 하는데, 내게 카카오 콩 잘 말리는 비법이 있어요. 알려 줄까요?"

협동조합 사람들은 함께 잘사는 방법을 찾기 위해 머리를 맞댔어요. 힘과 지혜를 모아 농사지으니 이전보다 카카오 콩 생산량이 늘고, 품질도 좋아졌어요. 가나의 쿠아파 코쿠 협동조합에 대한 입소문이 나기 시작했어요. 도시로 일자리를 찾아 떠났던 사람들도 쿠아파 코쿠 조합원으로 일하고 싶다며 농장으로 돌아왔어요.

그러던 어느 날 영국 사람들이 쿠아파 코쿠 협동조합을 찾아왔어요.

"지금 팔고 있는 가격보다 20% 높게 쿠아파 코쿠의 카카오 콩을 사겠습니다. 그게 카카오 콩의 적절한 가격이니까요."

"네? 더 비싸게 사겠다고요? 당신들은 누구십니까?"

"우리는 영국의 공정 무역 단체입니다. 당신들이 생산한 카카오 콩을 전 세계에 팔 겁니다. 대신 농장 노동자들에게 정당한 대가를 지불하고, 자연환경을 해치지 않는 농사를 지어 주세요. 아이들이 카카오 농장에서 일하지 않도록 해 주셔야 합니다. 그게 공정 무역의 원칙입니다."

쿠아파 코쿠 조합원들은 공정 무역을 통해 카카오 콩을 팔았어요. 카카오 콩을 헐값에 팔지 않게 되면서, 농부들의 소득이 조금씩 늘었어요. 농부의 가족들은 더는 배고픔을 겪지 않았어요. 비가 줄줄 새던 집도 고쳤죠. 늘어난 이익을 모아 아이들이 다닐 학교도 지었어요. 쿠아파 코쿠 농부의 자녀들은 카카오 농장에서 일하지 않아요. 학교에 다니며 미래를 향한 멋진 꿈을 꾸어요.

"학교를 졸업하면, 나도 쿠아파 코쿠의 농부가 될 거야!"

"나는 공정 무역을 널리 알리는 사업가가 되고 싶어!"

쿠아파 코쿠 덕분에 어른이 되었을 때 충분한 소득을 얻을 수 있는 직업, 스스로 먹고살 수 있는 일자리가 생긴 거예요.

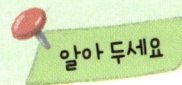 알아 두세요

착한 초콜릿을 생산하는 공정 무역

무역은 나라와 나라가 물건을 사고파는 것을 말해요. 무역은 서로 동등한 관계에서 이루어져야 하는데, 그렇지 않은 경우가 있어요. 개발 도상국에서 초콜릿, 커피, 바나나, 설탕 같은 물건을 살 때 정당한 가치를 인정하지 않고, 아주 싼 가격에 사는 거죠. 이때 피해는 고스란히 생산지, 농부, 노동자에게 돌아가요. 농부는 힘들게 농사를 짓고도 적절한 돈을 받지 못하고, 대기업과 중간 도매상이 이익 대부분을 가져가요.

공정 무역은 생산자의 노동에 정당한 대가를 주는 윤리적인 무역을 말해요. 개발 도상국에서 물건을 살 때 일한 사람에게 주는 임금, 씨앗을 사는 비용, 농부 가족들이 살아가는 데 드는 돈 등을 정당하게 계산해서 값을 치러요. 또 생산자에게 농산물의 최저 가격을 보장해 주어요. 1kg에 5,000원이던 카카오 콩 가격이 갑자기 2,000원으로 내려가도, 공정 무역을 하는 이들은 원래 계약대로 5,000원을 주고 커피콩을 사요. 그래야 생산자가 안정적으로 생활할 수 있고, 이듬해에도 농사지을 씨앗을 살 수 있으니까요.

공정 무역 제품은 마트나 편의점에서 파는 대기업 물건보다 조금 비쌀 수 있어요. 생산자들의 임금을 깎지 않고, 정당한 대가를 주었기 때문에 그래요. 농산물의 품질을 높이기 위한 교육, 비료 등을 지원하는 데 돈을 쓰기도 해요. 소비자가 공정 무역 제품을 사면서 돈을 조금 더 내는 일이 개발 도상국의 빈곤을 줄이고, 아동 노동을 없애는 길이에요.

공정 무역 제품을 사려면, '페어 트레이드(Fair Trade)'라는 인증 마크가 붙어 있는지 확인하면 돼요. '디바인초콜릿', '이퀄초콜릿' 등이 공정 무역 초콜릿이에요.

청년의 일자리는
국가의 미래를 결정해요

학업을 마친 15~29세의 청년이 일자리를 원하지만, 적당한 직장을 찾지 못한 상태를 '청년 실업'이라고 해요. 우리나라는 아동 노동 문제는 거의 없지만, 청년 실업 문제가 심각해요. 경제 성장이 더뎌지면서 새로운 일자리가 생겨나지 않아 청년 실업이 늘고 있거든요.

일자리는 경제와 밀접한 관련이 있어요. 경제가 성장할 때는 물건이 잘 팔리니까 기업이 생산량을 늘려요. 생산을 늘리기 위해서는 일할 사람이 필요하니 일자리도 늘어나요. 반대로 경제가 좋지 않을 때는 물건이 잘 안 팔려요. 기업은 생산량을 줄이면서 새로운 채용을 하지 않아요. 기존에 있던 직원을 해고해서 어려운 시기를 견디려고 해요. 경제가 안 좋을 때 실업자가 많이 생기는 이유예요.

마땅한 일자리가 없는 청년들은 비정규직, 일용직, 아르바이트처럼 단순한 일, 돈을 적게 주는 일, 고용 상태가 보장되지 않는 일을 주로 해요. 이런 일은 지속하기 힘들어서 '좋은 일자리' 혹은 '직업'이라고 말할 수 없어요.

청년 실업은 국가의 미래와 관련이 있어요. 청년이 일해서 돈을 벌고, 세금을 내야 국가가 튼튼해져요. 청년 실업자가 많아지면 경제 활동 인구가 줄어 국가가 걷을 수 있는 세금이 줄어요. 반면 세금으로 돌봐야 할 인구는 늘어서 국가 경제의 부담이 커져요. 실업 상태가 오래 지속되면 젊은이들이 자존감이 줄어들고, 일하려는 의욕을 잃어 국가가 성장하기 어려워져요.

SDGs 10. 불평등 해소
불평등 없는 따뜻한 사회를 만들어요

내 이름은 미날디, 열두 살이에요.
터키에 살지만,
터키 사람은 아니에요.

SDGs 10.
불평등 해소

나는 시리아에서 태어났지만, 터키에 살고 있어요. 이곳 사람들은 나를 '난민'이라고 불러요. 시리아는 10년 넘게 전쟁을 계속하고 있어요. 독재 정권이 2대에 걸쳐 40여 년 동안 국가를 통치했어요. 참다못한 시리아 사람들은 2011년, 민주화 시위를 벌였어요. 정부는 군대를 동원해 총과 대포를 쏘아 국민을 죽였어요. 정부의 뜻에 반대하는 사람들이 군대를 만들어 지금까지 정부군과 싸우고 있어요.*

시리아 전쟁
10년 넘게 정부군과 반군이 벌이는 내전이에요. 대통령의 독재 정치뿐 아니라 이슬람교의 계파 갈등, 다수 민족과 소수 민족의 충돌, 강대국의 끼어들기 등 여러 문제가 복잡하게 얽혀 전쟁이 끝나지 않는 상황이에요.

한국 어린이들은 전쟁을 경험한 적 없죠? 나는 태어났을 때부터 전쟁 속에서 살았어요. 밤마다 폭탄, 탱크 소리를 들으며 잠이 들어요. 내가 1학년 때였어요. 수업을 하던 건물에 폭탄이 떨어졌어요. 나는 무너진 벽돌 더미에 깔렸어요. 그날 이후 오른쪽 다리를 쓰지 못하는 장애인이 되었지요. 내 꿈은 축구 선수였는데……. 5학년이던 우리 형 교실에는 폭탄이 곧바로 날아왔어요. 형과 같은 반 친구들 모두 목숨을 잃었어요. 전쟁은 그렇게 나의 꿈과 형을 빼앗았어요.

역사 교사였던 우리 아빠는 시리아가 자랑스럽다고 하셨지만, 나는 전쟁만 하는 나라에 태어난 게 싫어요. 돈이 많고, 전쟁 없는 나라에 태어났다면 이런 끔찍한 일은 겪지 않았을 테니까요.

어느 날 밤, 아빠는 자는 나를 흔들어 깨웠어요. 조용한 목소리로 말씀하셨죠.

"미날디, 우리는 먼 길을 갈 거야. 가방에 꼭 필요한 물건만 담아라."

일어나보니 엄마가 울면서 내 짐을 챙기고 있었어요. 여동생 두 명은 여전히 자고 있었고요.

"엄마는요? 동생들은 같이 안 가요?"

"엄마와 동생들은 집에 남을 거다. 난민 브로커(다른 사람의 의뢰를 받고 일을 대신 해 주고 수수료를 받는 사람)에게 1인당 1,000달러씩 냈어. 일단 터키까지 갈 거야. 돈이 모자라서 엄마와 동생들은 데려갈 수 없어. 새로 도착한 나라에서 돈을 벌어, 엄마와 동생들을 부를 거야."

시리아는 뭐든 남성이 먼저예요. 목숨이 달린 일조차 말이에요. 나만이 지옥 같은 전쟁터를 탈출해 여동생들에게 미안했어요.

나중에 알고 보니까 아빠는 오랫동안 정부군의 감시를 받아서 몰래 떠나야 했대요. 아빠는 반군을 지지했다는 이유로 경찰서에 끌려가 조사를 받았어요. 폭언과 심한 매질도 당했고요.

그날 밤, 아빠와 나는 집을 떠났어요. 시리아를 탈출하려는 사람들 여럿이 함께했어요. 낮에는 빈집이나 숲에 숨고, 밤에 움직였어요. 트럭을 탔던 날도 있고, 밤새 걸었던 날도 있어요. 다리가 불편한 나는 계속 걸을 수가 없었어요. 아빠가 나를 업고 갈 때가 더 많았어요. 집을 떠난 지 이십 일쯤 지난 어느 날 밤, 우리는 작은 배가 있는 나루터에 도착했어요. 아빠는 내 손을 잡고 감격스러운 듯 말씀하셨어요.

"미날디, 이 바다부터 터키 국경이야. 이 배를 타고 두 시간만 가면 터키 땅을 밟을 수 있어. 우리는 터키를 거쳐, 독일까지 갈 거야!"

 우리는 배를 타기 위해 줄을 섰어요. 아빠가 나를 안고 배에 올라타려는 순간이었어요. 갑자기 환하게 불이 켜지더니, 요란한 호루라기 소리가 들렸어요. 터키 경찰이었어요.
 "거기, 꼼짝 말고 제 자리에 서! 여기는 터키 바다다. 불법으로 터키 국경에 들어온 너희들을 전부 체포한다!"
 우리는 어디론가 끌려가 조사를 받았어요. 걸어오는 나를 보더니, 터키 경찰은 어이없다는 듯 코웃음을 쳤어요.
 "뭐야? 절름발이까지 우리나라로 오겠다고? 터키가 자선 단체인 줄 알아? 시리아 장애인까지 먹여 살리게? 당장 너희 나라로 돌아가!"
 아빠는 경찰관에게 엎드려 빌었어요.
 "제발 한 번만 봐주십시오."

"그건 너희 사정이지! 누가 시리아에서 태어나래?"

우리는 터키 난민 캠프에 갇혔어요. 일 년 안에 터키를 떠나겠다는 약속을 하고서요. 아빠는 난민 지위를 인정해 달라고 신청서를 냈지만, 터키 정부가 받아 주지 않았어요. 터키로 넘어온 시리아 난민이 너무 많아서 난민 등록을 안 해 준대요.

요즘 아빠와 나는 구호 단체에서 하루 두 번 주는 급식에 의존하고 있어요. 아빠는 난민 등록증이 없어 일할 수 없어요. 내가 매일 아침 기차역에 나가 껌이나 사탕을 팔아요. 나라도 돈을 벌어야 독일까지 갈 차비를 마련할 수 있을 것 같아서요. 다리를 저는 내 모습을 보며 친절하게 껌을 사 주는 사람도 있지만, 욕하는 사람이 더 많아요.

"너희 시리아 거지들 때문에 우리 터키 경제가 얼마나 힘든 줄 알아?"

며칠 전에는 껌을 사 간 아저씨가 가던 길을 되돌아오더니, 내 머리를 '퍽' 쳤어요. 씹던 껌을 내 머리에 붙이고 간 거예요.

내가 시리아에서 태어나고 싶어서 태어난 것도 아닌데, 나는 왜 존중받지 못할까요? 독일에 가면 이런 일을 당하지 않을까요? 한국 친구 여러분이 저에게 지혜를 나누어 주세요.

-터키에 머무는 시리아 난민,
미날디 보냄

불평등이 계속되면 갈등·불만·폭력이 나타나요

SDGs 10. 불평등 해소 세부 목표

- 나이, 성별, 장애, 인종, 민족, 국가, 종교, 경제와 관계없이 모든 사람을 사회적, 경제적, 정치적으로 포용합니다.
- 차별적인 법규, 정책, 관행을 없애고, 적절한 법을 만들어 평등한 기회를 보장하고 결과의 불평등을 감소시킵니다.
- 계획적이고 잘 관리된 이주 정책을 실행하여 질서 있고 안전하며 책임감 있게 인구의 이주와 이동을 돕습니다.

불평등을 알기 위해서는, 먼저 평등이 무엇인지 알아야 해요. 평등이란 성별, 나이, 국가, 민족, 장애와 상관없이 누구나 똑같은 가치를 지니는 거예요. 모든 사람의 권리, 자격 등이 똑같은 것이지요. 옛날에는 왕족, 귀족은 귀하게 여기고 노예는 하찮게 여겼어요. 여성은 선거권이 없고, 배움의 기회를 갖지 못했던 적도 있어요. 이처럼 일부 사람은 더 많은 기회나 권리를 갖고, 나머지 사람은 그렇지 못한 상태를 평등하지 않은 상태, '불평등'이라고 해요.

민주주의의 발전과 더불어 '모든 인간은 평등하다'라는 개념이 널리 퍼졌어요. 하지만 우리 주변에는 아직도 불평등이 남아 있어요. 여성이냐 남성이냐, 어느 나라에서 태어났느냐, 어떤 피부색을 지녔느냐, 장애가 있느냐 없느냐, 돈이 얼마나 있느냐에 따라 균등한 기회와 보호를 받지 못하는 경우가 있거든요.

'불평등 해소'는 인간이 누구나 똑같은 가치로 인정받을 수 있도록 정치, 경제, 사회 분야를 더 좋은 방향으로 바꿔 평등한 사회를 이루어 가자는 뜻이에요. 누구에게나 평등하게 기회를 주고, 결과의 평등도 함께 이루겠다는 의지예요. 결과의 평등이란 개인의 노력이나 성과에 대한 보상을 평등하게 주는 것을 말해요. 예를 들어 남성과 여성이 바나나 농장에서 똑같이 8시간을 일했는데, 남성은 10달러를 받고, 여성은 7달러를 받는다면 결과가 평등하지 않은 거예요.

유엔은 자산(경제적 가치가 있는 유형·무형의 재산. 화폐, 땅, 건물, 주식 등), 보건, 교육에서의 불평등을 지적했어요. 자산의 불평등은 부자는 계속 부자가 되고, 가난한 사람은 계속 가난해지는 경제 구조를 말해요. 세계불평등연구소가 내놓은 2022년 보고서를 보면, 전 세계에서 돈을 많이 가

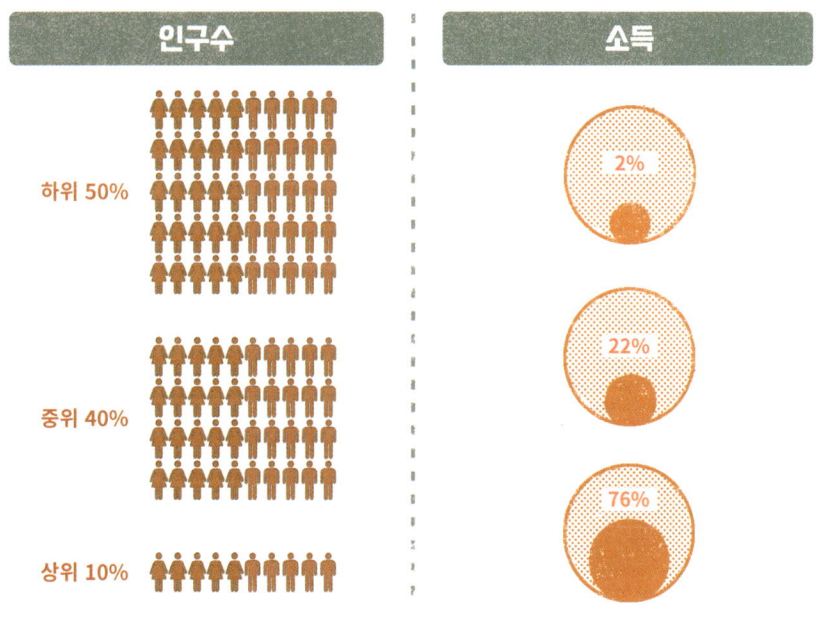

세계인의 부의 불평등 (출처: 세계불평등보고서, 2022)

105

진 사람 상위 10%가 전 세계 자산의 76%를 가지고 있대요. 돈을 적게 가진 하위 50%는 전체 자산의 2%밖에 소유하지 못하고 있고요.

보건 불평등은 건강을 유지할 기회, 아플 때 치료받는 기회가 공평하지 않다는 뜻이에요. 개발 도상국 사람들은 아파도 제대로 된 치료를 받기 어려워요. 국가도, 개인도 돈이 없기 때문이지요. 정식으로 교육받은 의사가 적고, 의료 장비나 약이 부족한 이유도 있어요.

한 나라 안에서도 보건 불평등이 일어나요. 개발 도상국에서 가장 가난한 20%의 어린이는 가장 부유한 5%의 어린이보다 다섯 살 이전에 사망할 확률이 세 배 이상 높아요. 개발 도상국의 농촌 지역 여성들은 의료 시설이 있는 도시에 사는 여성보다 아기를 낳다가 죽을 확률이 최대 3배나 높다고 해요.

불평등이 오래되면 갈등과 불만이 커져요. 때로 폭력이 일어나기도 하지요. 폭력은 무시당하거나, 존중받지 못하거나, 공정하지 않다고 느낄 때 힘으로 불만을 표현하는 거예요. 불평등한 사회는 혼란이 가득해서 경제, 사회 발전에 힘을 모을 수 없어요.

때로는 **불평등**으로, **불평등을 줄일 수** 있어요

100m 달리기에서 다른 친구들은 그냥 뛰는데, 혼자만 10㎏ 상자를 들고 뛰어야 한다면 어떨까요? 초등학생이 대학생과 똑같은 수학 시험을 치러야 한다면요? 분명 "이건 불평등해!"라고 할 거예요. 그럼 어떻게 불평등을 줄일 수 있을까요?

가장 강력한 방법은 불평등을 없애는 법이나 제도를 만드는 거예요. 육상 경기에서 경기장이 곡선일 때는 선수마다 출발 지점이 달라요. 곡선의 안쪽 레인 선수는 뒤에서 출발하고, 바깥쪽 레인의 선수는 앞에서 출발하죠. 레인마다 출발점이 달라야 공정해요. 똑같은 기회를 주는 것만으

로 불평등 해결이 어려운 경우, 출발점을 달리하는 제도가 필요해요. 우리나라에는 '국회 의원 여성 할당제'가 있어요. 여성 진출이 가장 적은 정치 분야에 남성과 비슷한 수준으로 여성 비율을 높이기 위해 만든 제도예요. '장애인 의무 고용 제도'는 기업이나 관공서에서 일정 비율 이상의 장애인을 고용하도록 규정한 법이에요. 불평등을 겪고 있는 사람들을 적극적으로 우대하는 제도를 통해 불평등을 줄여 가는 거예요.

여성이나 장애인을 우대하는 것이 오히려 남성이나 비장애인에 대한 역차별 아니냐고요? 우리나라 국가인권위원회법에는 "현존하는 차별을 해소하기 위하여 특정한 사람을 잠정적으로 우대하는 정책을 평등권 침해의 차별 행위로 보지 않는다"라는 내용이 있어요. 일시적으로 불평등한 대우를 하는 것이 전체적으로 공평한 결과를 만드는데 더 효과적이기 때문이에요.

나라 사이의 불평등에 이런 방식을 적용하기도 해요. 경제력의 차이가 큰 선진국과 개발 도상국을 똑같이 놓고는 경제 불평등을 바로 잡기 어려워요. 경제 상황이 어려운 아프리카 국가들이나 도움이 시급한 개발 도상국들에 대해서는 세계무역기구(WTO) 협정에 따라 우대 정책을 써요. 수출 제품을 늘리도록 도와준다거나, 수출할 때 국가 사이에 세금을 줄여 주지요. 선진국과 개발 도상국에 다른 기준을 적용해서 국가 간의 평등을 만들어 가는 거예요.

법이나 제도가 있다고 불평등이 사라지지는 않아요. 법보다 더 중요한 것은 사람들의 생각이랍니다. 2018년 예멘 난민 500여 명이 제주도에 들어온 적이 있어요. 이들을 받아들이는 문제로 큰 논쟁이 벌어졌어요. 청와대 국민 청원 게시판에 70만 명이 넘게 반대 서명을 했어요. 반대하는 사람들은 "가난한 나라에서 돈 벌러 온 거다." "그들을 위해 내가 낸 세금을 쓰는 게 싫다." "한 번 받아 주면 난민이 계속 들어온다." "이슬람교 신자들은 테러리스트다. 한국에서 범죄를 저지를 것이다." 등의 이유를 들었지요.

　몇 년이 지난 지금까지 예멘 난민이 한국에서 범죄를 저질렀다는 뉴스는 들려오지 않아요. 난민 지위를 인정받은 사람은 단 두 명뿐이고, 대부분은 '인도적 체류 허가'를 받았어요. '인도적 체류 허가'는 강제 추방하면 생명의 위협을 받을 수 있으니 인도적 차원에서 체류를 허용하는 제도예요. '인도적 체류 허가'를 받고 한국에 머무는 예멘인은 생계비 보장이나 사회 보장 혜택을 받지 못해요. 이후 예멘인이 비자 없이 입국하는 것을 금지하면서 추가로 예멘 난민이 들어오지도 않았어요.

　이들을 그토록 반대했던 이유는 무엇일까요? 혹시 도움이 되는 사람은 환영하고, 도움이 되지 않으면 멀리하는 '차별'의 마음이 자리하고 있었기 때문은 아닐까요? 불평등을 줄이려면 차별받는 사람의 처지에서 생각해 보는 자세가 필요해요. 여러분이 만약 차별당하고 있다면 기분이 어떨까요? 미날디가 여러분 학교로 전학을 왔다면 가난한 나라에서 왔다고, 피부색이 다르다고, 한국말을 못 한다고 차별하지 않을 자신 있나요? 처지를 바꿔 생각하면 더 많이 이해할 수 있어요. 혹시 우리 안에 차별의 마음이 자리 잡고 있지는 않은지 살펴보기로 해요.

국가, 민족 간의 불평등을 줄였어요
― 독일의 난민 정책

2015년 어느 날, 독일 뮌헨역에 도착한 기차에서 수백 명의 시리아 사람들이 쏟아져 나왔어요. 이들은 헝가리, 오스트리아를 거친 끝에 독일까지 온 사람들이었어요. 뮌헨역 광장에는 커다란 펼침막이 걸려 있었어요.

"독일에 오신 난민 여러분을 환영합니다."

시리아 사람들은 독일 사람들에게 고맙다고 인사하고, 감격에 겨워 눈물을 흘리기도 했어요. 전쟁을 피해 이 나라 저 나라를 떠돌던 시리아 사람들을 독일 정부와 국민이 따뜻하게 맞아 준 것에 감동했어요.

독일은 약 110만 명의 난민을 받아 주었어요. 세계 여러 나라가 난민을 향해 빗장을 잠글 때, 독일은 기꺼이 국경을 열어 경제뿐 아니라 정치, 외교 등 모든 면에서 선진국임을 증명했답니다.

독일이 시리아 난민을 받아 준 것이 '착한 마음' 때문만은 아니에요. 독일은 출산율 감소로 인구가 줄어드는 고민을 안고 있어요. 국민은 계속 나이가 드는데, 일할 젊은이는 점점 모자라요. 외국인 이주자가 독일의 부족한 노동력을 채워 줄 것을 기대하며 국경을 열어 준 거예요. 독일 정부는 난민들에게 독일어를 가르치고, 일자리를 소개해서 독일 사회에 적응할 기회를 주었어요. 독일은 난민을 받아들여 국가, 민족 간의 불평등을 줄이는 모범을 보였어요.

그러나 독일에서도 난민을 받아들이는 것에 반대하는 의견도 만만치 않아요. 난민이 '독일의 경제 혜택과 복지를 노린 경제 이주자'라며 반대하지요. 다른 민족, 다른 종교의 난민 수용을 두고 '독일 민족에 대한 배반'이라며 비난을 퍼붓기도 해요. 이러한 여론과 코로나19 유행으로 외국인 입국을 금지하면서, 최근에는 독일도 난민 수용에 소극적 태도를 취하고 있어요.

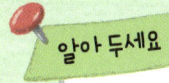 알아 두세요

벙어리장갑? 손모아장갑!

일상에서 사용하는 차별적 언어를 바꾸는 것으로 생활 속의 불평등을 줄일 수 있어요. 벙어리 장갑 대신 '손모아장갑'이라는 말을 사용하는 것처럼요. 몇 가지 예를 살펴볼까요? 장애인의 반대 의미는 '정상인'이 아니라 '비장애인'이에요. 장애인을 친근하게 표현하려는 의도가 담긴 '장애우'는 장애인을 의존적인 존재로 비치게 할 수 있어요. '장애우'보다 그냥 '장애인'이라고 사용하는 것이 평등한 언어예요.

흔히 쓰는 관용적 표현, 속담에도 장애를 비하하는 표현들이 꽤 있어요. 어떤 일이 균형 잡히지 않고 한쪽으로 쏠려 있음을 비판할 때 '절름발이 교육'이니 '절름발이 경제'니 하는 말을 써요. 절름발이는 다리가 불편한 사람을 일컫는데, 이는 장애인을 차별하는 표현이에요. 남에게 말하지 못하고 혼자 끙끙 앓는 상황을 '벙어리 냉가슴 앓듯'이라고 표현해요. 전체를 보지 못하고 일부분만 아는 어리석은 사람을 '장님 코끼리 다리 만지기'라고 해요. 이런 표현에는 장애를 지닌 사람을 차별하는 편견이 들어 있어요. 이런 말을 쓰지 않는 것만으로도 불평등을 조금씩 줄여 갈 수 있어요.

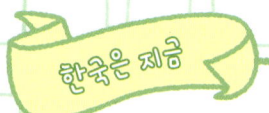

아프가니스탄에 약속 지킨
한국의 미라클 작전

2021년 여름, 이슬람 원리주의자 집단 탈레반이 아프가니스탄의 권력을 잡았어요. 수도 카불은 큰 혼란에 빠졌지요. 탈레반은 외국인, 외국에 협력한 사람, 탈레반 정권에 반대하는 사람들을 마구잡이로 죽이는 일이 잦았거든요. 카불을 탈출하려는 사람들이 공항 근처로 몰려들어 엄청 혼잡했어요.

각국 정부는 자기 나라의 외교관이나 교민들을 탈출시키기 위해 애썼어요. 한국 정부도 비행기를 보내 대한민국 국민을 안전한 곳으로 데리고 왔어요. 그런데 문제가 하나 더 있었어요. 한국 대사관에서 일했던 직원, 한국과 무역을 하던 사업가, 국제단체에서 일하던 활동가 등 한국을 돕던 아프가니스탄 사람들이 그곳에 있다가는 죽음을 면하기 어려운 상황이었어요.

한국 정부는 그들을 데려오는 비밀 작전을 시작했어요. 외교관, 공군 등 비밀 요원과 공군 수송기를 아프가니스탄에 보냈어요. 탈레반의 감시를 뚫고 대한민국에 협력했던 사람들을 몰래 공항으로 데리고 들어왔죠. 이들을 공군 수송기에 태워 한국까지 데려오는 데도 성공했어요. 이 비밀 작전 이름이 '미라클'이에요.

미라클 작전은 한국이 해외 분쟁 지역에서 외국인들만 구출해 낸 최초의 사례예요. 우리나라가 어려움에 빠진 다른 나라 국민을 구하는 국가로 성장했음을 보여 준 의미 있는 일이기도 해요. 한국군의 용맹을 전 세계에 알린 효과도 있었고요. 무엇보다 우리나라가 평화를 사랑하고, 책임감 있는 국가라는 신뢰를 쌓은 점이 앞으로 국제 활동이나 해외 무역에 큰 도움이 될 거예요.

SDGs 11. 지속가능한 도시와 공동체
아름답고, 행복한 도시를 만들어 가요

나는 다닐루예요. 브라질에서 두 번째로 큰 도시, 리우데자네이루에 살아요.

SDGs 11.
지속가능한
도시와
공동체

　사람들은 내가 사는 이곳, 리우데자네이루를 줄여서 '리우'라고 불러요. 나는 다섯 살 때부터 리우에 살았어요. 그전에는 아빠가 커피 농장에서 일해 농촌에 살았다는데, 나는 기억나지 않아요. 아빠가 일자리를 찾아 리우로 오면서 우리 가족도 함께 왔어요.
　우리 집은 일자리를 찾아 도시로 온 사람들이 모여 살면서 생겨난 빈민촌에 있어요. 이곳에는 벽돌, 나무, 양철로 엉성하게 지은 집들이 산자락을 타고 빼곡하게 들어차 있죠. 우리 가족은 얼마 후면 정들었던 이 집을 떠나야 해요. 리우시에서 우리 마을을 싹 밀어 버리고 고층 아파트를 짓는다고 발표했어요. 빈민촌 모습이 보기 흉해서 리우의 품격에 맞지 않는다나요? 지난번에도 비슷한 일이 있었어요. 리우시는 우리 마을에서 조금 떨어진 해안가에 있던 마을을 없애고 고층 아파트를 지었어요. 30층이 넘는 고급 아파트 수십 동이 모여 있는 그곳에는 스포츠 센터, 어린이 놀이터 같은 시설이 있는데, 모두 최고급이래요. 그 아파트를 부자들에게 팔아서 건축업자들은 큰돈을 벌었대요. 그 땅에 살던 가난한 사람들은 내쫓겨 거리를 떠돌거나, 다른 살 곳을 찾아야 했지요.

우리 마을은 살기에 불편해요. 돈 없이 도시에 온 사람들이 모여 살다 보니 허가 없이 집을 마구 지었어요. 돈을 벌어 벽돌 몇 장, 나무판자 몇 개를 사서 빈 곳에 집을 계속 지어 나가는 식으로요. 우리 집도 1층이었던 집에 나무판자와 스티로폼으로 대충 2층을 올렸어요. 아빠가 나무판자로 2층으로 통하는 계단을 만들었어요. 내가 아홉 살 때, 2층에서 내려오다가 나무판자가 무너지는 바람에 계단에서 떨어졌어요. 다리가 부러져서 석 달 동안 석고 붕대를 하고 다녔답니다. 병원에 가서 석고 붕대를 한 건 아니에요. 우리 동네에는 병원이 없어요. 이런 빈민촌에 누가 병원을 열겠어요. 우리 집은 병원 갈 돈도 없고요. 뼈를 맞출 줄 아는 이웃 아줌마가 부목을 대고, 붕대로 꽁꽁 묶어 주셨어요. 그때 아빠가 나무 계단을 고치며 말씀하셨어요.

"다닐루, 그래도 이렇게 집이 있다는 게 얼마나 다행인 줄 알아? 이 집마저 없으면 우리는 길거리에서 살아야 했을 거야."

리우는 대도시라서 집값이 엄청나게 비싸대요. 하루 벌어 하루를 사는 가난한 사람들이 꿈도 꿀 수 없는 큰돈이래요. 그렇다고 싼 집을 찾아 멀리 떠날 수도 없어요. 리우처럼 큰 도시에 있어야 아빠가 일거리를 찾을 수 있거든요. 예전에 리우에서 올림픽이 열렸을 때는 경기장, 호텔, 도로를 건설하느라 아빠가 매일 공사 현장에서 일했어요. 하지만 올림픽이 끝난 후 아빠는 일거리가 없어졌어요. 요즘 아빠와 나는 매일 쓰레기 매립지에 가서 물건을 주워요. 괜찮은 물건이 있으면 집으로 가져오고, 중고 상점에 팔기도 해요. 어제는 앞면이 떨어져 날개만 붙어 있는 선풍기를 주웠어요. 꽤 쓸만해 보여 집으로 가져왔어요. 이걸 틀고 자니까 밤에 덜 더워서 좋았어요.

　우리 집은 전기가 들어오지 않아요. 리우시는 우리 마을이 '불법 건축'이라며 지금까지 전기와 수도를 연결해 주지 않았어요. 밤이면 온 동네가 어둠의 동굴로 변해요. 그래도 전기를 사용하는 방법이 있답니다. 이건 진짜 비밀인데, 살짝만 말해 줄게요. 거리 전봇대에 선을 연결해서 몰래 전기를 쓰는 거예요. 그럼 TV도 볼 수 있고, 선풍기도 틀 수 있어요. 전기를 너무 많이 쓰면 들키니까 꼭 필요할 때만 써야 해요. 불법인 줄 알지만 어쩌겠어요. 전기 없이는 살 수 없는데.

　우리 동네에는 쓰레기 수거차도 없어요. 수많은 사람이 사용하고 버린 쓰레기가 날마다 쌓이는데 가져가는 사람이 아무도 없어요. 골목마다 넘쳐나는 쓰레기가 썩으면서 풍기는 고약한 냄새로 머리가 어지러울 지경이랍니다.

　요즘 우리 마을 사람들은 매일 아침 9시에 성당 앞에 모여요. 리우시에서 발표한 도시 개발 계획에 반대하기 위해서예요. 오늘은 나도 아빠를 따라 나갔어요.

"이곳은 우리의 보금자리다! 누구도 우리를 내쫓을 수 없다!"

경찰들은 무기를 들고 마을 사람들의 행진을 막았어요.

"누가 그냥 나가라고 합니까? 집 얻을 돈을 준다지 않습니까?"

"그렇게 적은 돈으로는 집값 비싼 리우에서 개집 한 칸도 얻을 수 없다!"

마을 시위대가 큰길로 나가려고 하자, 경찰들이 최루탄을 마구 쏘았어요. 고추와 겨자가 눈에 들어간 듯 맵고, 콧물이 줄줄 흘렀어요. 나는 너무 고통스러워서 집으로 도망쳤어요.

나는 이사 가기 정말 싫어요. 사람들은 우리 동네를 '신이 버린 마을'이라고 조롱해요. 너무 많은 사람이 모여 살아 더럽고, 전기나 수도도 없고, 범죄가 들끓는다는 뜻이지요. 우리는 여기 아니면 갈 곳이 없어요. 우리가 가진 돈으로 리우 시내에 집을 얻기는 불가능해요. 리우시에서 살게 해 주겠다는 임대 아파트는 차를 타고 한 시간쯤 가야 해요. 아빠가 리우 시내로 일하러 가기에 너무 멀어요. 그곳에 가면 나도 전학하고, 정든 친구들과 헤어져야만 해요. 이렇게 큰 도시에, 이렇게 집이 많은데, 마음 편히 살 수 있는 우리 집 한 칸이 없다니, 너무 이상하지 않아요?

-브라질 리우데자네이루에서
다닐루 보냄

도시는 **집값, 환경, 교통 문제**가 심각해요

> **SDGs 11. 지속가능한 도시와 공동체 세부 목표**
> - 도시에 사는 모든 사람에게 안전하고 적절한 가격의 주택을 보급하고, 빈민가의 환경을 개선합니다.
> - 공기의 질과 쓰레기, 폐기물 관리에 주의를 기울여 도시의 환경 오염으로 인한 피해를 줄입니다.
> - 누구나 이용할 수 있는 녹지 공간을 마련하고, 어린이·노인·장애인도 쉽게 이용할 수 있는 대중교통 시스템을 제공합니다.
> - 세계 문화유산과 자연 유산을 보호하기 위해 노력합니다.

오늘날 세계 인구의 절반 정도인 35억 명이 도시에 살아요. 2030년까지 도시 인구는 50억 명까지 늘어날 거라고 해요.

사람들이 도시에 사는 가장 큰 이유는 일자리 때문이에요. 도시에는 기업과 관공서가 몰려 있어요. 백화점, 대형 마트, 음식점도 많아요. 이런 곳에서는 늘 일할 사람이 필요하죠.

그다음은 도시의 편리함 때문이에요. 사람이 많이 사는 도시는 교통, 교육, 문화가 발달해요. 많은 사람이 이용하는 백화점, 대형 병원, 대학교, 학원, 미술관, 공연장 등이 들어서고요. 고속철도, 고속버스, 지하철 등 교통 시설도 잘 갖추어졌지요. 이 모든 것을 편리하게 이용할 수 있는 장점이 사람들을 도시로 이끌어요.

하지만 많은 사람이 모여 사는 도시에는 여러 문제가 뒤따라요. 가장 대표적으로 주택 문제가 있어요. 도시는 집값이 비싸요. 살고 싶은 사람은 많은데, 집은 부족하니 집값이 계속 올라가요. 서울에 집 한 채를 마련하려면 직장인이 월급을 받아 한 푼도 쓰지 않고, 17.6년 동안 모아야 한다는 조사 결과도 있어요.

일자리를 찾아 도시로 왔지만, 집값을 감당할 수 없는 사람들은 빈민촌에 모여 사는 경우가 많아요. 유엔 조사에 따르면 전 세계 인구 78억 명 중 8억 명 이상이 도시 빈민가에 살고 있다고 해요.

전 세계 인구 **78억 명** 중
도시 빈민가에 사는 인구는 **8억 명 이상**

빈민촌은 주거 환경이 좋지 못해요. 건물이 낡고 허술하죠. 좁은 땅에 여러 집이 붙어 있어 햇빛이 집 안까지 들어오지 않아요. 상하수도 시설도 부족해요. 쓰레기 수거가 제대로 이루어지지 않고 화장실이 더러워요. 이런 위생 문제 때문에 감염병 발생률이 높아요. 국가의 행정력이 닿지 않아 범죄도 자주 발생하지요. 전기, 가스 공급이 원활하지 않아 혹독한 추위와 더위를 견디며 살아가야 해요.

도시 환경 오염 문제도 심각해요. 자동차가 많아 교통이 혼잡해요. 자동차에서 발생하는 배기가스는 환경 오염의 주범이에요. 세계적으로 도시 면적은 지구의 3%에 불과하지만, 도시의 에너지 소비량은 전체의 60~80%, 탄소 배출량은 전체의 75%나 차지해요.

함께 해결하기

도시 인구를 나누고, 교통량을 줄이는 지혜가 필요해요

경제 성장을 위한 도시 개발은 필요한 일이지만, 늘 좋은 것은 아니에요. 도시에서는 공간만 생기면 집을 짓거나 건물을 올려요. 도시의 집값이 워낙 비싸니, 땅을 그대로 두는 것보다 개발하는 것이 더 많은 이익을 얻는 방법이니까요. 그 과정에서 자연을 훼손하고 유적지가 파괴되기도 해요. 얼마 전 우리나라에서는 유네스코 세계 문화유산에 등재된 왕릉 바로 앞에 고층 아파트를 지어 문제가 되었어요. 왕의 무덤인 왕릉에는 '그 안에서 왕이 세상을 바라본다'라는 의미가 있어요. 그런데 아파트에 가로막혀 왕릉의 가치가 훼손된 거예요. 도시 개발은 편리함과 경제적 가치를 주어요. 하지만 자연과 문화를 해치면서 진행되는 도시 개발에는 신중할 필요가 있어요.

지나치게 거대한 도시의 문제는 인구와 도시 기능을 나누는 '국토 균형 발전'으로 해결해 가요. 우리나라는 특히 서울·경기·인천에 인구가 몰리면서 수도권 중심으로 발전했어요. 2020년 기준으로 우리나라 인구 약 5,000만 명 중 절반 정도가 수도권에 살고 있어요.

상대적으로 수도권이 아닌 지역은 인구가 줄고, 발전이 더딜 수밖

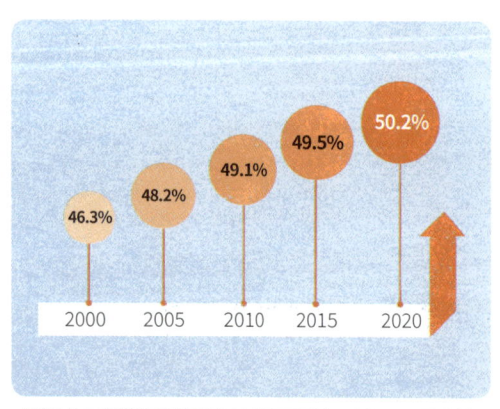

국내 수도권 인구 비율 (출처: 인구주택총조사2020, 통계청)

에 없었죠. 국토가 한쪽으로 불균형하게 발전하면서 주택, 교통, 공해, 범죄, 도시 빈민 발생 등 도시 문제를 앓고 있어요. 이런 문제를 해결하기 위해 대한민국 정부는 충청도 지역에 행정중심복합도시 '세종특별자치시'를 건설했어요. 서울에 있던 정부 기관들을 이전해 국토의 균형 발전을 이루기 위해서였지요. 2022년 기준 47개 중앙행정기관이 세종특별자치시에 있어요. 국무총리도 이곳에 머물며 일해요. 세종특별자치시가 생기면서 이 지역은 인구가 지속해서 늘고 있어요. 더불어 경제, 상업, 교육, 교통도 발전하고요.

도시의 환경 문제는 자가용 사용을 줄이고, 대중교통 이용을 늘리는 것으로 조금씩 해결할 수 있어요. 바쁜 도시 생활자에게 자동차는 필수품인데, 자동차 사용을 줄일 수 있을까요? 브라질 남부의 쿠리치바에서 도시 교통 문제의 해답을 찾을 수 있어요.

2차 세계 대전 이후 쿠리치바는 공업이 발달하면서 인구가 급격하게 늘었어요. 인구가 늘고, 공업이 발달하자 여러 환경 문제가 생겼지요. 가장 심각한 것은 교통 체증과 대기 오염이었어요. 사람들이 너도나도 자동차를 끌고 다녔거든요. 당시 쿠리치바의 자가용 소유자 수는 브라질의 수도 브라질리아 다음으로 많았다고 해요. 쓰레기 문제도 컸어요. 공장에서 나온 대형 쓰레기, 사람들이 사용하고 버린 생활 쓰레기가 거리에서 악취를 풍겼어요. 심각한 교통 체증, 날마다 짙어지는 매연, 거리마다 넘쳐나는 쓰레기로 쿠리치바는 '사람이 살기 적합하지 않은 도시'로 변해 갔어요.

쿠리치바의 레르네르 시장은 대중교통을 강화했어요. 지하철이 없는 쿠리치바의 대표적 대중교통 수단은 버스였어요. 레르네르 시장은 버스 전용 차선을 두어 도시 내에서 빠른 이동이 가능하게 했어요. 급행 버스, 지역 버스, 직통버스를 색깔로 구분하여 버스 간 환승을 쉽게 했어요. 세 대의 버스를 이어 붙인 굴절형 버스도 도입했어요. 이 버스는 최대 270명을 한 번에 태웠어요. 다섯 개의 문이 있어 270여 명이 한꺼번에 타거나 내려도 20초 정도밖에 걸리지 않았어요. 버스에 계단이 없고 바닥이 낮아 장애인이나 노약자도 다른 사람의 도움 없이 타고 내릴 수 있었어요. 승객들의 승하차 시간을 줄였더니 버스가 정차할 때 돌아가는 엔진 공회전도 줄었답니다. 대기 오염을 약 30% 정도 줄이고, 이산화 탄소 배출량도 획기적으로 낮추었어요.

 버스만으로 불편함 없이 교통을 이용할 수 있게 되자, 시민들은 자동차를 가지고 다닐 필요가 없었어요. 시민들의 자동차 사용이 줄면서 교통 체증을 해결했고, 대기 오염 문제도 개선했어요. 쿠리치바의 대중교통 체계는 세계인의 주목을 받았어요. 우리나라 서울의 시내버스도 쿠리치바의 사례를 적용해 운영하고 있어요.

SDGs에 한 걸음 더 가까이

외톨이 범죄 도시에서 관광객이 찾아오는 혁신 도시로
– 콜롬비아 메데인 '메트로 케이블'

콜롬비아 메데인은 안데스산맥 골짜기에 있는 도시예요. 이 도시에서도 가장 높은 지역 산토도밍고는 메데인시에 속하지만, 외톨이 마을이었어요. 교통이 불편해 사람들이 오가기 어려웠거든요. 도시로 가려면 산비탈을 따라 몇 시간을 걸어야 했어요. 이 마을 사람들은 학교가 너무 멀어 다닐 수 없었어요. 배움의 기회가 없으니 좋은 일자리를 구할 수 없었고, 경제 활동이 없으니 빈곤을 벗어나지 못했어요.

어느 날부터인가 죄를 짓고 도망친 범죄자들이 이 마을로 숨어들었어요. 너무 높고 외진 지형이라 범죄자들이 숨으면 어지간해서는 찾아내기 어려웠기 때문이에요. 마약 판매상, 폭력 조직이 모여들면서 이곳은 '범죄 도시'가 되어 버렸어요. 매일 범죄자들의 총격전이 벌어졌지요. 마을 사람들은 총을 지닌 범죄자들이 무서워 산책도 제대로 못 했어요.

도시 안에서 외딴섬이 되어 버린 산골 마을의 빈곤, 범죄를 더는 내버려 둘 수 없었어요. 메데인시는 산토도밍고와 도심(도시의 중심)을 잇는 케이블카 설치를 계획했어요. 케이블카는 관광 지역에서 탄다는 고정 관념에서 벗어나 대중교통 수단으로 활용한 거예요.

2004년, '메트로 케이블'이라 불리는 첫 번째 케이블카 노선이 개통되었어요. 사람들은 메트로 케이블을 타고 도심에 있는 학교에 다녔어요. 매일 아침 일터로 출근했고, 아프면 병원에 가서 치료받았어요. 도심에 살던 사람들도 이 마을을 방문했어요. 처음에는 케이블카가 신기해서

산토도밍고와 도심을 이어 주는 콜롬비아 메데인시의 메트로 케이블.

놀러 왔어요. 그러다 산토도밍고에 물건을 팔기 위해 오는 사람, 친구를 만나러 오는 사람이 점점 늘었어요. 메트로 케이블을 타고 관광객들도 찾아왔어요. 경찰도 메트로 케이블을 타고 와서 마을을 지켰죠. 사람들의 왕래가 잦아지자 범죄자들은 숨을 곳이 없어졌어요. 케이블카가 생기면서 마을에는 총소리가 사라졌어요.

메트로 케이블은 600~800원 정도로 값이 싸서 누구나 부담 없이 이용할 수 있어요. 지금은 다양한 지역과 연결한 메트로 케이블 노선이 생겼어요. 케이블카를 타는 동안 아름다운 메데인 시내 풍경을 구경하는 재미도 쏠쏠해요.

메트로 케이블 덕분에 산비탈 마을 사람들은 배움의 기회가 생겼고, 일자리를 찾을 수 있었어요. 케이블카 덕분에 메데인시는 소외되었던 도시 사람들까지 품는 따뜻한 도시가 되었지요. 산 위의 마을과 산 아래 도시 중심부가 케이블카로 이어진 메데인은 '범죄자들이 우글대는 도시'에서 '세계에서 가장 혁신적인 도시'로 탈바꿈했답니다.

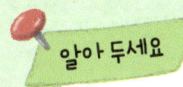
알아 두세요

서울 월드컵공원이 더러운 쓰레기장이었다고요?

서울특별시 마포구에 있는 월드컵공원에 가 본 적이 있나요? 여름철에 이용할 수 있는 강변 물놀이장과 캠프장까지 갖춘 서울 시민들의 휴식처예요.

이 공원은 과거 더러운 쓰레기장이었어요. 1960년대 서울 인구가 급격하게 늘면서, 쓰레기도 어마어마하게 늘어 갔지요. 서울시는 1978년, '난지도'라 불리던 이곳을 서울 시민들이 사용한 쓰레기를 버리는 곳으로 지정했어요. 각 가정에서 사용한 연탄재, 고장 난 가전제품, 건설 현장에서 버린 건축 폐자재, 공장에서 나온 폐기물까지 모두 이곳에 버리게 했어요. 난지도는 15년 동안 무려 9,200만 톤의 쓰레기가 쌓여, 높이가 100m 가까이 되는 거대한 쓰레기 봉우리 두 개가 솟은 산으로 변했어요. 주변에는 쓰레기 썩는 냄새가 진동해 숨을 쉬기 어려웠어요. 쓰레기에서 나오는 메탄가스가 원인이 되어 크고 작은 화재가 끊이지 않았어요. 쓰레기 때문에 한강 물은 오염되었고, 생물이 살 수 없는 땅이 되었어요.

1993년, 서울시는 쓰레기 반입을 중단하고, 거대한 쓰레기 산을 흙으로 덮었어요. 쓰레기 더미에서 발생하는 메탄가스를 모아 가스 발전소의 연료로 사용했어요. 쓰레기가 썩으면서 나오는 물을 깨끗하게 정화하는 장치를 설치했어요. 산에는 꽃과 나무, 억새를 심었어요.

몇 년이 지나자 난지도의 자연 생태계가 살아나기 시작했어요. 더러운 환경 때문에 사라졌던 동물이 돌아오고, 새들이 찾아왔어요. 쓰레기 썩은 물이 새어 들어가던 샛강은 맑은 물이 흐르는 난지천공원으로 변했어요.

서울 월드컵공원의 변화는 엄청난 쓰레기를 어떻게 처리하는지에 따라 도시가 편안한 휴식처가 될 수도, 쓰레기 더미에 파묻힌 끔찍한 공간이 될 수도 있음을 보여 준답니다.

SDGs 13. 기후 변화 대응
기후 변화 대응, 지금 바로 시작해요

안녕하세요? 호주 뉴사우스웨일스주에 사는 제시예요.

SDGs 13.
기후 변화 대응

   나는 지금 집이 아닌 교회의 임시 숙소에 살고 있어요. 원래 나는 산자락 아래, 마당이 넓은 집에 살았어요. 마당에는 꽃과 나무가 가득했지요. 우리 아빠 취미가 정원 가꾸기였거든요. 나는 마당에 있는 작은 연못에서 물고기 다섯 마리를 키웠어요.

   이제 그 아름답던 집은 사라졌어요. 정원을 돌보던 아빠도, 내가 제일 사랑하는 외할머니도요. 이 모든 일은 기후 변화 때문에 일어났어요. 나도 이전까지 기후 변화가 그렇게 끔찍한 일인지 몰랐어요.

   작년 여름은 너무나 뜨겁고 건조했어요. 매일 낮 기온이 40℃가 넘었고, 어느 날은 48℃까지 올라갔어요. TV 뉴스에서는 호주 여름 기온이 1910년 이후 가장 높다고 했어요. 3개월 넘게 비 한 방울 내리지 않았어요. 우리 동네에 있는 커다란 호수의 물이 바짝 말라 바닥을 드러냈어요. 점점 물이 부족해졌어요. 정부에서는 잔디에 물 주기를 금지했어요. 아빠는 그날부터 정원 가꾸기를 그만두었어요. 물고기가 사는 연못도 깨끗한 물로 갈아 주지 못했어요. 며칠 뒤 내가 키우던 물고기 다섯 마리가 모두 하늘나라로 갔어요.

   그날 기온은 46℃였어요. 숨을 헐떡거릴 정도로 더운데 에어컨을 켤 수 없었어요. 전기 공급이 원활하지 않았거든요. 강물이 부족해 수력 발전소가 전기 에너지를 생산하지 못한 탓이래요. 수돗물이 잘 나오지 않아 시원하게 샤워도 할 수 없었죠. 수건을 물에 적셔 온몸의 땀을 닦아 내며 어서 해가 지기를 기다리고 있었어요. 오후쯤 전화벨이 울렸어요. 내가 뛰어가서 전화를 받았지요. 외할머니와 같이 사는 외삼촌의 다급한 목소리였어요.

"제시, 엄마 바꿔 줘. 얼른! 외할머니가 돌아가셨어!"

외삼촌과 통화한 엄마는 울면서 외출을 준비하셨어요.

"외할머니가 열사병으로 돌아가셨대. 오전에 어지럽다고 누워 계시더니 그대로 못 일어나셨나 봐. 더위로 신체의 열이 발산되지 않아 체온이 급격하게 올라간 거야."

외할머니의 장례를 치른 후에도 더위와 가뭄은 끝나지 않았어요. 여름 방학 이후에도 계속되는 고온 현상 때문에 학교는 휴교했어요. 오전에 TV를 보고 있는데 갑자기 비상 사이렌이 울리더니 경찰차, 소방차, 구급차가 요란하게 지나갔어요. 엄마가 창밖을 보며 혼잣말처럼 말씀하셨어요.

"저런, 산불인가 봐. 아빠가 출동하시겠구나!"

우리 아빠는 화재 현장에 제일 먼저 달려가는 용감하고 멋진 소방관이었어요. 몇 해 전에는 모범상을 받기도 했지요. 나는 그런 아빠가 자랑스러웠답니다. 하지만 그날 아침 출근하는 아빠를 본 게 마지막이었어요. 뜨겁게 타오른 태양이 마른 풀에 불을 붙이면서 산불이 시작되었어요. 그 불이 온 산으로 퍼져 나갔지요. 몇 달이나 비가 오지 않아 바짝 마른 나무가 장작 역할을 하는 바람에 불길은 점점 거세졌어요. 아빠는 산불을 끄려고 현장에 있다가 불길에서 빠져나오지 못했어요. 더위, 가뭄, 산불……. 기후 변화가 외할머니와 아빠를 차례로 빼

앗아 갔어요.

　산불이 계속 번지면서 우리 마을까지 위험해졌어요. 정부에서는 마을 사람들에게 전부 대피하라고 명령했지요. 불길이 곧 마을까지 덮칠 것이라고 하면서요. 우리 가족은 서둘러 짐을 싸서 이곳 교회 임시 숙소로 들어왔어요. 산불이 난 후 우리 마을은 지옥으로 변했어요. 나무가 불에 타면서 생긴 검은 재와 먼지 때문에 눈을 제대로 뜰 수도, 숨을 마음껏 쉴 수도 없었어요. 마트, 약국 등 모든 상점이 문을 닫아 필요한 물건을 구하지 못했어요. 농장, 과수원이 불타서 쌀, 밀, 채소, 과일 가격이 하늘 높은 줄 모르고 오르고 있어요. 앞으로 몇 해 동안은 곡식이나 과일을 제대로 수확할 수 없대요.

　처음에는 금세 집으로 돌아갈 수 있을 줄 알았어요. 하지만 산불은 무려 6개월이나 계속되었어요. 한국의 수도 서울 면적의 66배나 되는 녹지를 검은 재로 만들고 끝났지요. 그나마 일주일 동안 폭우가 내려서 겨우 산불을 끌 수 있었대요. 산불로 우리 집은 잿더미로 변했어요. 내가 다니던 학교도 불타서 흔적을 찾기 어려워요. 당분간 커튼 칸막이가 있는 이 구질구질한 임시 숙소에 머물러야 해요.

　더 끔찍한 건 뭔 줄 아세요? 엄마가 그러는데, 이번 산불로 엄청난 이산화 탄소가 발생했대요. 지구 온난화를 일으키는 그 이산화 탄소말이에요. 이산화 탄소는 사라지지 않고 대기 중에 그대로 쌓여 지구를 더욱 뜨겁게 만든대요. 그럼 날씨가 더워지고, 가뭄이 심해지고, 또 산불이 일어날지 모른다는 거예요.

　여러분! 부탁이 있어요. 제발 더는 지구가 뜨거워지지 않도록 도와주세요. 호주에서 일어난 산불이 다른 나라의 일이라고 모른 척하지 말아 주세요. 이번 호주 산불로 생긴 검은 먼지가 이웃 나라 뉴질랜드로 날아가고, 바다 건너 미국까지 넘어갔어요. 우리나라에 산불이 나면 한국에도 나쁜 영향을 미칠 수 있어요. 그러니 친구들도 지구의 온도를 낮출 방법을 찾아서 실천해 주세요. 꼭 부탁드려요!

- 호주 뉴사우스웨일스주에서
제시 보냄

지구 평균 기온이 3°C 오르면 세계 50여 개 도시가 물에 잠겨요

SDGs 13. 기후 변화 대응 세부 목표

- 모든 국가는 기후 관련 문제나 자연재해를 겪었을 때 이를 복원하는 능력이나 적응하는 능력을 강화합니다.
- 국가의 정책이나 계획에 기후 변화에 대한 대응을 포함합니다.
- 기후 변화가 미치는 영향을 널리 알리고 교육할 수 있는 제도를 마련합니다.
- 유엔 기후변화협약에 가입한 나라들은 연간 1,000억 달러 모금 목표를 실행하여 기후 변화 대응에 필요한 '녹색 기후 자금'으로 사용합니다.

눈이라고는 구경조차 할 수 없는 열대 기후 나라 이집트 카이로에 펄펄 눈이 내렸어요. 강우량이 0에 가까운 칠레 아타카마 사막에 갑자기 많은 비가 쏟아졌어요. 평소 기온이 영하 60~영하 10°C인 남극 아르헨티나 연구 기지 에스페란사의 기온이 18.3°C까지 올라갔어요. 독일과 벨기에에서는 홍수로 70여 명이 목숨을 잃었어요. 지독한 가뭄과 무더위 때문에 일어난 호주 산불은 6개월이나 계속되었어요. 모두 지구 온난화가 가져온 기후 변화 때문에 최근 몇 년 사이에 일어난 일이에요.

18세기 산업 혁명 이후 인류는 눈부신 경제 성장과 산업 발전을 이루었어요. 상품은 풍족해지고, 생활은 편리해졌지요. 지금의 풍요롭고, 편리한 생활은 화석 연료를 사용한 덕분이에요. 땅에서 파낸 석탄, 석유를 사용해 전기를 생산하고, 공장을 돌리고, 자동차를 움직였어요.

화석 연료는 이산화 탄소, 메탄, 이산화 질소 등 온실가스를 배출해요.

이산화 탄소, 메탄, 이산화 질소는 지구 주변을 온실처럼 둘러싸서 지구의 온도를 높이기 때문에 '온실가스'라고 불러요. 지구는 태양에서 열을 받아들여요. 그 열의 일부를 대기권(지구를 둘러싸고 있는 공기층) 밖으로 내놓지요. 하지만 공기 속에 온실가스가 섞여 있으면 열이 바깥으로 빠져나가지 못해요. 방출되지 못한 열은 대기권에 머물며 땅이나 바다를 데워 지구를 뜨겁게 해요. 지구의 온도가 올라가면 공기나 물의 흐름이 달라져요. 이 때문에 기후가 이상하게 변하는 거예요.

기후 변화가 생기면 가장 큰 문제는 식량 부족이에요. 달라진 기후 때문에 제대로 농사를 지을 수 없어요. 지구의 온도가 1°C 상승할 때마다 곡물 생산량은 약 5% 감소한대요.

 지구 온도가 1°C 상승하면 곡물 생산량은 5% 감소

1981년~2002년까지 지구 온난화로 옥수수, 밀 등 농작물 수확이 매년 40메가톤(1메가톤은 1kg의 10억 배. 기호는 Mt)씩 줄었어요. 식량 부족은 곧 가격 상승으로 이어져요. 때로는 식량 때문에 폭동, 전쟁이 일어나기도 해요. 2010년, 러시아는 가뭄이 무척 심했어요. 식량 부족을 걱정한 러시아 정부는 밀 수출을 중단했어요. 밀이 부족해지니까 전 세계 밀 가격이 폭등했어요. 먹을거리가 부족해진 북아프리카, 중동 국가의 국민은 굶주

림이 무능한 정부 탓이라며 시위와 폭동을 벌였어요. 이 시위로 일부 국가는 국가 권력이 바뀌기도 했어요. 시리아는 배고픔 때문에 시작된 민주화 시위가 전쟁으로 확대돼, 지금까지 이어지고 있고요.

지구가 더워지면 극지방의 빙하, 높은 산의 만년설이 녹아요. 그 물이 바다로 흘러와 해수면이 상승하지요. 북극의 빙하는 1979년 이후 10년마다 107만km^2씩 녹았어요. 1901년~ 2010년까지 전 세계 평균 해수면은 19cm 올라갔고요. 2065년에는 24~30cm, 2100년에는 40~63cm가 올라갈 것으로 예상해요.

이 상태면 태평양의 섬나라 투발루는 50년 안에 나라 전체가 물에 잠길 거래요. 지구 평균 기온이 3°C 오르면 세계 50여 개 도시가 물에 잠길 거라는 예측도 있어요.

지구 온난화를 일으키는 온실가스 중 가장 많은 것은 이산화 탄소예요. 세계 이산화 탄소 배출량은 1990년 이후 약 50% 증가했어요. 2000년~2010년 10년간, 과거 30년 동안의 배출량보다 더 빠른 속도로 늘었고요. 지금 이산화 탄소 배출량을 줄이지 않으면 지구는 더 뜨거워질 거예요. 기후 변화로 가뭄, 홍수, 폭우, 폭설, 태풍이 더 잦아질 거예요.

기후 변화는 국가 경제를 혼란에 빠뜨리고 인간의 삶을 망가뜨려요. 현재의 온실가스 배출량대로라면 21세기 말에는 지구 평균 기온이 1850년~1900년 대비 1.5°C를 초과 상승할 것이 확실해요.

기후 변화의 재앙을 막는
마지막 희망의 숫자 1.5°C

1880년~2012년 사이에 지구 평균 기온은 이미 0.85°C 높아졌어요. 고작 0.85°C라고요? 그렇지 않아요! 사람 몸으로 생각해 봐요. 체온이 37.5°C보다 0.85°C 오르면 머리가 아프고, 어지러워요. 해열제를 먹거나 젖은 수건으로 몸을 닦아 열을 내려야 해요. 자연도 사람과 같아요. 작은 온도 변화에도 커다란 영향을 받지요. 수만 년 전 빙하기 때 지구 평균 기온과 현재는 6°C 차이예요. 그러니 0.85°C 상승은 엄청난 수치랍니다.

지금처럼 화석 연료를 사용해 이산화 탄소 배출이 계속 늘면 2050년 지구 온도는 3°C 이상 올라갈 가능성이 커요. 그럼 어떻게 되냐고요? 농사를 지을 수 없어 100만~300만 명이 굶어 죽어요. 아마존 열대 우림이 파괴되고, 땅 여기저기가 불탈 거예요. 지구상의 생물 20~50%는 멸종하고요.

2015년 프랑스 파리에서 열린 제21차 유엔 기후변화협약 당사국총회(COP21)에 196개 국가의 대표들이 모였어요. 참여국 대표들은 지구 평균 기온을 산업화 이전과 비교해 2°C 이내 상승으로 조절하자고 합의했어요. 2018년 IPCC 회의에 모인 전문가들은 2°C 상승은 위험하다고 판단하고, 1.5°C 이내 상승으로 목표를 높여 잡았어요. 지구 온도가 2°C 이상 오르면 인간이 할 수 있는 일은 없어요. 그때는 무슨 방법을 써도 엄청난 재앙을 피할 수 없다는 말이에요. 그러니까 1.5°C는 기후 재앙을 막는 마지막 희망의 숫자예요.

지구가 더는 뜨거워지지 않게 하려면 지금, 바로 이 순간부터 기후 변화에 대응해야 해요. 그러려면 법이나 규정이 필요해요. 독일은 '경제 기후부'라는 새로운 정부 조직을 만들었어요. 기후 변화 대응과 경제 성장을 함께 이룰 수 있는 정책을 만드는 부서예요. 프랑스는 헌법 1조를 '프랑스는 기후 변화에 맞서 싸운다'라는 내용으로 바꾸려고 했어요. 비록 국회를 통과하지는 못했지만, 기후 변화에 국가 차원에서 적극적으로 대응하겠다는 선언이라는 점에서 큰 의미가 있어요. 법이나 조직이 기후 문제를 해결해 주지는 않아요. 하지만 국민에게 기후 변화 위기를 알리고, 참여시키기 위해서는 법, 조직, 제도가 큰 도움이 될 거예요.

기후 변화 대응에는 선진국들이 앞장서야 해요. 현재의 지구 온난화는 선진국들의 책임이 커요. 산업을 발전시키면서 엄청난 온실가스가 발생했거든요. 세계 온실가스의 70%는 세계 인구의 20% 남짓이 거주하는 선진국이 배출했어요. 선진국들은 이제 막 경제 성장을 시작한 개발 도상국들에 "기후 위기는 전 지구적 문제이니 화석 연료를 사용하지 말고 경제를 발전시켜라"라고 요구해요. 개발 도상국 입장에서는 억울하지요. "온실가스 대부분을 자기들이 발생시켜 놓고, 책임은 같이 지자고 해?"라고 생각해요. 점점 물에 잠겨 가는 나라 투발루는 이렇다 할 산업이 없는 섬나라예요. 국민 대부분이 농업과 어업으로 먹고살죠. 온실가스 배출은 아주 적은데도, 기후 변화의 피해를 가장 직접적으로 받고 있어요. 이런 나라에 "기후 변화의 책임을 똑같이 져야 한다"라고 요구하는 것은 적절하지 않아요. 기후 변화는 모든 지구인이 함께 해결하되, 우리나라를 비롯한 선진국들이 더 많은 역할을 하는 '차별화된 책임'이 필요해요.

지구 온난화에 따른 기후 변화 문제를 해결하려면 우리 모두의 습관을 바꿔야 해요. 지금처럼 풍족하게 에너지를 쓰면서는 기후 변화에 대응할 수 없어요. 소, 돼지를 키우는 축산업에서 전체 온실가스의 16.5% 정도가 나온대요. 전 세계 모든 교통수단이 내뿜는 탄소보다 많은 양이에요. 그러니까 온실가스 발생을 줄이려면 고기를 좋아하는 생활 습관을 바꿔야 해요. 겨울에 보일러를 펑펑 틀면서 집 안에서 반소매 티셔츠를 입고, 대낮에도 환하게 전등을 켜 놓는 습관도 없애야 해요. 불편함, 번거로움을 받아들여야 지구가 점점 뜨거워지는 기후 변화를 조금이라도 줄일 수 있어요.

SDGs에 한 걸음 더 가까이

최악의 온실가스 배출 도시에서,
최고의 자연 생태 도시로
― 미국 채터누가

미국 남동부 테네시주에 있는 채터누가는 애틀랜타에서 차로 두 시간 정도 떨어진 작은 도시예요. 부산 절반 정도 크기의 땅에 인구 18만 정도가 살고 있지요. 채터누가는 석탄, 철, 석회암 같은 자원이 풍부했어요. 2차 세계 대전 후 미국에서 열 손가락 안에 드는 산업 중심지로 성장했지요. 테네시강을 따라 철강, 화학, 섬유 공장이 즐비하게 들어섰어요.

1950~1960년대 즈음부터 문제가 생겼어요. 온실가스가 도시를 뒤덮고 대기 오염이 심해진 거예요. 채터누가는 산으로 둘러싸인 분지 지형이라 공장에서 발생한 오염된 공기가 밖으로 빠져나가지 못했어요. 자동차들이 내뿜는 온실가스도 날마다 쌓였고요. 앞이 보이지 않을 정도의 스모그로 1년 중 절반은 대낮에도 자동차 전조등을 켜야만 했어요. 공장에서 폐수와 쓰레기를 마구 버려 하수 오염도 심했어요. 채터누가의 폐렴 환자는 미국 평균의 3배나 되었대요. 1969년, 미국 환경보호국(EPA)은 채터누가를 '미국에서 대기오염이 가장 심한 도시'로 지정했어요.

위기의식을 느낀 채터누가시는 '대기오염 억제국'을 만들고 환경을 지키는 일을 시작해요. 채터누가시는 공장, 기업들에 엄격한 오염 방지 정책을 실행하라고 요구했어요. 처음에는 공장, 기업들이 선뜻 나서지 않았어요. 환경 관련 시설을 설치하려면 돈이 많이 들기 때문이었죠. 어느 공장은 채터누가는 까다롭다며 다른 지역으로 이사를 가 버렸어요.

세계에서 가장 긴 보행자 도로 월넛 스트리트 브릿지. 강이 오염되어 버려졌던 다리를 보행자 도로로 탈바꿈하였다.

채터누가의 가장 큰 철강 회사였던 위랜드가 참여하면서 분위기가 달라졌어요. 기업, 공장들이 하나둘 환경 오염 방지 정책을 따르기 시작한 거예요.

채터누가시는 온실가스를 내뿜던 공장 굴뚝에 대기 오염 방지 필터를 의무적으로 설치하는 규정을 만들었어요. 꼭 필요한 다섯 곳의 석탄 발전소를 제외한 나머지 화석 연료 발전소를 모두 없앴어요. 1980년대부터는 시민들을 참여시켰어요. 시민 자원봉사 조직 '채터누가 벤처'를 중심으로 환경 오염을 줄이고, 도시를 가꾸는 활동을 펼쳤지요.

그 결과 채터누가는 1996년에 유엔에서 '환경과 경제 발전을 동시에 이룬 도시'로 상을 받았어요. 2006년부터는 한 단계 더 나아갔어요. 2012년까지 지구 온난화 수준을 1990년 대비 7% 낮추겠다는 목표를 세우고

이를 실천했어요. 1인당 에너지 사용 절감 운동을 확대하고, 빌딩마다 에너지 효율을 높이는 지침을 주었어요. 정부 건물에서는 전기, 가스, 수도 사용량 20% 줄이기를 실행했어요. 채터누가에 건물을 지을 때는 일정 비율 이상의 나무를 심도록 했어요. 나무가 많아지면 온실가스를 흡수해 지구 온난화를 늦출 수 있기 때문이에요. 나무 그늘이 많이 생겨

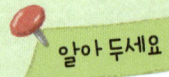 알아 두세요

파리 기후변화협약

2015년 프랑스 파리에서 제21차 유엔 기후변화협약 당사국총회가 열렸어요. 이 회의에서 참가국들은 지구 평균 기온 상승 폭을 산업화 이전 대비 2℃ 이하로 제한하자는 목표에 합의했어요. 전 세계 국가들은 한목소리로 지구 온난화 문제를 해결하겠다는 의지를 보였지요.

이전의 기후변화협약은 1997년 채택한 '교토 의정서'였어요. 교토 의정서에서는 선진국에만 온실가스 감축 의무가 있었어요. 기후 변화 위기를 가져온 화석 연료 사용, 온실가스 배출은 선진국이 책임져야 한다는 주장이었죠. 중국, 인도를 비롯한 개발 도상국들의 반대가 작용한 결과였어요. 이들 나라는 화석 연료 사용을 줄이면 경제 성장 속도가 느려질 것이라는 이유를 내세웠어요.

파리 기후변화협약은 선진국, 개발 도상국에 상관없이 196개 당사국 모두에 구속력이 있는 첫 번째 합의라는 점에서 역사적 의미가 있어요. 이 회의에서 선진국들은 개발 도상국의 기후 변화 대응을 돕기 위해 매년 1천억 달러(한국 돈 118조 원 정도) 모금에도 합의했어요.

파리 기후변화협약에서 평균 기온 상승을 2℃ 이내로 합의했지만, 세부 내용을 보면 "온도 상승을 1.5℃ 이하로 제한하기 위한 노력을 추구한다"라고 쓰여 있어요.

2018년 우리나라 인천 송도에서 기후 변화에 관한 정부 간 협의체(IPCC) 회의가 열렸어요. IPCC는 기후 변화에 관한 과학적, 기술적 사실을 알려 주고, 대책을 마련하기 위해 유엔환경계획(UNEP)과 세계기상기구(WMO)가 만든 조직이에요. 전 세계에서 기후 변화와 관련된 일을 하는 과학자, 정부 대표가 참석하는 회의지요. 이 자리에 모인 전문가들은 2℃ 이내 상승은 위험하다고 판단하고, '1.5℃ 이내 상승'을 확정했어요.

에어컨 사용을 줄일 수도 있고요.

　도시 중심에는 자동차가 들어올 수 없도록 했어요. 도시 외곽에 자동차를 세워 두고 전기 셔틀버스를 타고 도심으로 이동하는 교통 체계를 세웠지요. 대신 주차비를 할인해 주고, 버스비는 아주 저렴하게 책정했어요. 덕분에 대중교통 이용이 늘고, 개인 자동차 사용이 줄었어요.

　채터누가를 달리는 전기 자동차는 깨끗한 태양광 에너지로 충전해 온실가스 배출을 크게 줄였어요. 이런 노력으로 채터누가는 2014년 '미국에서 공기 질이 우수한 상위 15개 도시'에 선정되었답니다.

관련 목표 SDS ⑨ 산업, 혁신, 사회 기반 시설

산업을 키우고 사회 기반 시설을 늘려요
개발 도상국은 도로, 전기, 교통, 정보 통신 시설이 부족해요. 이런 것을 '사회 기반 시설' 또는 '인프라'라고 불러요. 사회 기반 시설이 부족하면 산업 발전을 이루기 어려워요. 예를 들어 바나나를 수확했는데, 도시까지 싣고 갈 트럭이나 도로가 없다면 제대로 판매할 수 없잖아요. 아프리카 일부 개발 도상국의 경우 사회 기반 시설 부족으로 기업 생산성이 40%나 떨어진다고 해요. 개발 도상국이 산업을 발전시키려면 도로, 전기, 정보 통신 같은 사회 기반 시설을 먼저 갖추어야 해요.
단, 개발 도상국이 사회 기반 시설을 만들고, 산업 성장을 이루는 과정에서 온실가스 배출이 늘어날 수 있어요. 이를 극복하려면 산업 혁신, 기술 발전이 필요해요. 태양광, 풍력 등 신재생 에너지를 이용하거나, 에너지 효율을 높인 친환경 기술로 경제 성장을 시도해야 해요. SDGs 9번째 목표는 개발 도상국의 환경 보호와 경제 성장을 동시에 이루기 위해 지켜야 할 것들을 담고 있어요.

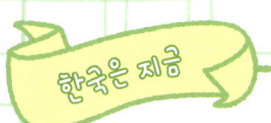
한국은 지금

2030년 온실가스 40% 감소, 2050년 탄소 중립 목표를 향해 달려요!

우리나라도 기후 변화의 증거가 곳곳에서 나타나고 있어요. 봄을 알리는 벚꽃이 피는 시기가 점점 빨라지고 있고요. 따뜻한 남부 지방에서 자라던 사과, 포도를 이제는 중부 지방에서도 재배할 수 있지요.

우리나라는 짧은 시간에 산업화에 성공했어요. 그 때문에 세계 평균 기온이 1880년~2012년, 0.85℃ 상승할 때, 우리나라는 1912년~2017년, 1.8℃ 높아졌어요. 세계 평균의 두 배가 넘는 수치예요.

그 과정에서 엄청난 온실가스를 뿜어 댔지요. 2017년 우리나라 온실가스 배출량은 처음으로 7억 톤을 넘어, 경제협력개발기구(OECD) 회원국 중 5위를 기록했어요.

우리나라도 온실가스를 줄이는 노력을 적극적으로 실천하고 있어요. "2030년까지, 2018년 온실가스 총배출량 대비 40%를 줄인다"라는 계획을 세웠어요. 2050년에는 국내 온실가스 '순 배출량 0(넷제로)'을 달성하겠다는 목표를 확정했고요. '넷제로'는 온실가스를 배출한 만큼 다시 흡수해 배출량 0을 만든다는 뜻이에요. 어느 공장에서 온실가스를 배출했다면, 그에 해당하는 만큼의 나무를 심거나 신재생 에너지 시설에 투자하는 거예요. 다른 말로 '탄소제로', '탄소중립'이라고도 해요.

이러한 목표 달성을 위한 법도 만들었어요. 바로 '탄소중립 기본법'이에요. 이 법은 탄소중립을 국가의 중요한 과제로 명시한 법률이에요. '탄소중립 기본법' 제정은 탄소제로 사회로 가는 구체적인 정책과 제도를 마련했다는 점에서 큰 의미가 있어요.

SDGs 14. 해양 생태계 보전
소중한 바다와 바다 자원을 지켜요

나는 스리랑카에 사는 열두 살 카순이에요.

SDGs 14.
해양 생태계 보전

안녕하세요? 나는 슬픈 일을 겪어서 한국 친구들에게 편지를 쓰게 되었어요. 이 사실을 널리 알리고 도움을 요청하려고요.

내가 사는 스리랑카는 인도양의 섬나라예요. 사방이 바다랍니다. 우리 아빠는 바다에서 고기를 잡는 어부예요. 작은 배를 타고 바다로 나가서 낚싯대를 드리워 물고기를 잡죠. 나는 어릴 적부터 바다가 놀이터였어요. 아빠가 바다에 나가면 나는 해안가에서 수영하고, 조개를 주우면서 아빠를 기다린답니다. 가끔은 아빠가 나를 배에 태워 바다로 나가기도 해요. 어느 날, 나는 아빠와 바다에 갔다가 아빠가 낚시질해서 어렵게 잡은 물고기를 몇 번이나 다시 놓아주는 걸 보았어요.

"아빠가 잡은 물고기를 다시 바다로 보내 주는 게 이상해? 너무 욕심내서 물고기를 잡으면 안 된단다. 이번에 잡은 물고기는 너무 어려. 더 클 수 있는 시간을 주어야 해. 아까 돌려보낸 물고기는 지금이 알을 낳는 시기야. 산란기의 물고기는 잡으면 안 돼. 그래야 오래도록 물고기를 잡을 수 있어."

엄마는 아빠가 잡은 물고기를 시장에서 팔아요. 아침에 잡은 싱싱한 생선이라 언제나 인기가 좋지요. 엄마는 "한번 우리 생선을 사가면 꼭 단골손님이 된단다"라며 자랑하셨어요. "이번 달에 장사가 잘되면 네가 그렇게 원하던 축구화 사 줄게!"라고 약속하셨어요.

며칠 전부터 아빠는 바다에 나갔다가 빈손으로 돌아왔어요. 잡은 물고기가 없으니 엄마도 시장에 나가지 못하셨어요. 아빠는 분노하며 말씀하셨어요.

"트롤선이 싹 쓸어 갔어!"

트롤선은 깔때기처럼 생긴 그물을 끌고 다니면서 바닷속 물고기를 쓸어 담는 어선이에요. 트롤선은 필요한 물고기만 잡는 게 아니라, 그물에 걸린 모든 물고기를 잡아들여요. 배 위에서 가격을 잘 받을 수 있는 물고기를 골라내고 필요 없어진 물고기는 바다에 던져요. 이미 죽었는데 말이에요. 트롤선이 한번 지나가면 물고기가 남아나지 않아요.

아빠가 물고기를 잡지 못하면, 엄마가 시장에서 팔 생선이 없고, 그럼 돈을 벌지 못해요. 나의 새 축구화도 멀어지는 거라 속상해요.

그보다 더 마음 상하는 일이 있었어요. 바다에서 놀다 보면 가끔 바다거북을 만날 때가 있어요. 스리랑카 해변에서 알을 낳는 푸른바다거북과 올리브각시바다거북을 보면 너무 반가워요. 며칠 전 바다에서 수영하고 있는데, 푸른바다거북이 해변으로 올라가는 모습이 보였어요.

'알을 낳으러 가는 건가?'

나는 푸른바다거북이 놀라지 않게 조심조심 다가갔어요. 가까이서 푸른바다거북을 보고 깜짝 놀랐어요. 코에 플라스틱 빨대가 끼워져 있고, 코에서 계속 피가 흘렀어요. 머리와 몸은 푸른색 그물로 칭칭 감겨 있었고요. 거북은 숨을 제대로 쉬지 못했어요. 그물에 걸린 앞쪽 두 발이 자유롭지 않았지요. 나는 얼른 칼을 가져와 거북의 몸을 괴롭히고 있는 그물부터 잘라 주었어요. 그물이 사라졌는데도, 거북은 앞발을 제대로 펴지 못했어요. 아마 꽤 오랫동안 그물에 묶여 있었나 봐요. 나는

아미르 형을 불러왔어요. 아미르 형은 중학생인데, 동물들을 잘 보살펴요. 형은 핀셋으로 거북의 코에서 30cm쯤 되는 플라스틱 빨대를 빼주었어요. 그사이 나는 거북이 도망치지 못하도록 몸을 꽉 붙잡고 있었어요. 아미르 형은 거북의 코에서 빼낸 빨대를 보여 주며 말했어요.

"이 녀석이 이게 해파리인 줄 알고 먹었을 거야. 아니면 플라스틱 빨대에 플랑크톤이 붙어 있어서 먹이라고 착각했거나. 하여간 바다 쓰레기가 바다 동물들 다 죽이겠어!"

맞아요, 바다에는 쓰레기가 엄청나요. 아빠랑 배를 타고 가다 보면 바다 한곳에 쓰레기 섬이 있어요. 물살이 뱅뱅 도는 지점에 쓰레기들이 쌓여 거대한 섬을 만든 거예요. 그곳에는 페트병, 과자 봉지, 스티로폼,

담배꽁초가 그득해요. 우리 마을 사람들이 버린 쓰레기냐고요? 아니에요! 세계 여러 나라에서 버린 쓰레기가 떠밀려 와 바다를 떠돌다가 한 곳에 모이는 거예요. 한국어가 쓰인 라면 봉지도 본 적 있어요.

바다 동물들은 반짝이는 비닐, 플라스틱을 먹이라고 생각하고 삼켜요. 동물이 플라스틱을 먹으면 소화 기관이 움직임을 멈춘대요. 동물의 위장에 플라스틱이 계속 쌓이면 배고픔을 느끼지 못해 굶어 죽기도 해요.

그물을 풀어 주고, 빨대를 빼 주었는데도 푸른바다거북은 쓰러진 채 움직이지 않았어요. 나는 아미르형과 함께 푸른바다거북을 지켜보았어요. 입고 있던 티셔츠를 벗어 덮어 주었어요. 얼마 후 푸른바다거북은 끝내 숨을 멈추고 말았어요. 나는 푸른바다거북이 너무 불쌍해서 눈물이 났어요. 그동안 플라스틱 빨대와 그물 때문에 얼마나 고통스러웠을까요?

한국 친구 여러분! 그곳도 삼면이 바다라면서요? 그럼 바다가 얼마나 소중한지 알겠네요? 바다는 우리 아빠의 일터이자, 나의 놀이터예요. 바다 생물들에게는 집이고요. 바다가 더러워지지 않도록 관심을 보내 주세요. 바다 생물들이 인간이 버린 플라스틱과 화학 물질로 고통받지 않도록 도와주세요. 꼭 부탁드려요.

-스리랑카에서
카순 보냄

바다를 망치는 세 가지

> **SDGs 14. 해양 생태계 보전 세부 목표**
> - 바다 쓰레기를 줄이고 부영양화*를 막아 해양 오염을 예방하고, 감소시킵니다.
> - 모든 단계에서 과학 기술을 활용하여 해양 산성화를 해결합니다.
> - 해양 생태계를 지속 관리하며, 건강하고 생산적인 바다를 만들기 위해 생태계 복원 조치를 실행합니다.
> - 파괴적인 어업 방식을 중단하고, 해양 자원을 계속 사용할 수 있도록 어업과 양식업을 과학적으로 관리합니다.

 지구 표면의 4분의 3은 바다예요. 지구에 있는 물의 97% 이상이 바닷물이고요. 바다는 지구의 온도를 조절해요. 낮에 태양열을 받으면 지구가 뜨거워져요. 이때 바다는 태양에서 오는 열을 빼앗아 저장해요. 밤에 태양이 사라져 지구가 차가워지면, 바다는 낮에 감추어 두었던 열을 조금씩 내보내요. 바다 덕분에 지구는 일정 범위의 온도를 유지할 수 있는 거예요. 또 바닷물은 지구의 열을 고루 순환시켜요. 더운 적도 지방의 열을 가져와 바람과 해류를 이용해 추운 지역으로 옮기지요. 바다가 없었다면 적도 지방은 지금보다 훨씬 덥고, 극지방은 지금보다 훨씬 추웠을 거예요.

 바다는 이산화 탄소 흡수 능력이 뛰어나요. 인간이 발생시킨 이산화 탄

부영양화 강·바다·호수에 영양물질이 증가하여 해조류가 급격하게 늘어나는 현상으로, 녹조나 적조의 원인이 됨.

소의 약 30%를 바다가 흡수한대요. 바닷속 식물성 플랑크톤은 공기 중의 오염 물질을 걸러 깨끗한 산소를 내보내요. 바다 덕분에 지구 온난화가 그나마 더디게 진행되는 거예요.

전 세계적으로 2억 명이 넘는 사람들이 어업으로 돈을 벌어 생활해요. 인간에게 큰 도움을 주는 바다가 지금 인간 때문에 심한 몸살을 앓고 있어요.

지구 온난화로 바닷물이 점점 산성으로 변하고 있어요. 화석 연료 사용으로 대기 중의 이산화 탄소가 급격하게 늘면서, 바다가 감당할 수 있는 양 이상을 흡수해요. 늘어난 이산화 탄소 때문에 수소 이온 농도가 낮아져 바다는 산성으로 변해 가요. 산업화 이전과 비교해 해양 산성도가 26% 증가했어요.

산성화는 해양 생태계를 망가뜨려요. 특히 산호초, 조개류가 큰 영향을 받지요. 바다가 산성이 되면 산호초가 하얗게 변하거나 녹아 버려요. 산호초는 바다 생물들에게 먹이와 쉴 곳을 제공해요. 산호초 지대는 산소 함량이 높고 먹이가 풍부하거든요. 바다 생물의 3분의 1이 산호초에 의존해서 살아가요. 그런데 영국과 미국, 호주의 공동 연구팀의 발표에 따르면 이대로 가다가는 앞으로 10년 후에 지구상의 산호초가 모두 사라질지 모른대요.

인간이 버린 플라스틱 쓰레기로 바다 생물들이 죽어 가요. 북태평양 한가운데 거대한 '플라스틱 섬'이 있어요. 한반도의 7배나 되는 어마어마한 크기예요. 전 세계에서 버린 쓰레기가 바다를 떠다니다가 한곳에 모여 만들어진 '쓰레기 섬'이에요. 해류가 빙빙 돌다가 빠져나가는 환류 지역이라 이곳에 쌓인 거예요. 바다 오염 원인의 80%는 플라스틱 쓰레기, 처리하지 않은 하수, 농사에 사용하고 버린 농약 등 육지에서 발생해요.

가장 심각한 문제를 일으키는 쓰레기는 플라스틱이에요. 바다 생물들은 플라스틱을 먹이라고 여기고 삼켜 버려요. 플라스틱을 먹은 바다 동물들은 장이 막혀 죽어요. 썩지 않는 플라스틱은 시간이 지날수록 잘게 부서져요. 작은 해양 생물들까지 이것을 먹어요. 당장 죽지 않더라도 몸속에 독성 물질이 쌓이지요. 먹이 사슬에 따라 미세 플라스틱을 먹은 동물성 플랑크톤을 새우가 먹고, 그 새우를 오징어가 먹었다고 생각해 봐요. 사람이 그 오징어를 먹고요. 플라스틱 쓰레기가 여러 바다 생물을 거쳐 사람의 몸속으로 들어오는 거예요.

바다는 사람들에게 바다 생물을 내주어 단백질을 섭취하게 해 줘요. 바다가 주는 경제적 가치는 연간 3조 달러예요. 전 세계 GDP의 약 5%를 바다에서 얻고요. 하지만 인간이 버린 쓰레기로 바다는 오염되고, 바다 생물들은 죽어 가고 있어요.

인간이 바다 생물을 너무 많이 잡아, 물고기가 남아나지 않는 것도 문제예요. 남은 개체로는 제대로 번식할 수 없을 정도로 많은 물고기를 잡는 것을 '남획'이라고 해요. 어린 물고기를 잡거나, 알을 품은 물고기를 잡는 경우도 남획에 해당하고요. 명태는 우리나라 동해안에서 가장 흔한 생선이었어요. 1940년대에 한해 27만 톤 이상 잡히던 명태는 2010년대에 들어서면서 2톤도 잡기 어려워졌어요. 1970년대, 정부가 명태 새끼인 노가리 잡이를 허용하면서 노가리를 마구 잡아들였기 때문이에요. 명태 남획으로 지금은 동해안에서 명태를 찾아보기 어려워요.

세계 인구가 늘고, 어업 기술이 발전하면서 어자원 소비도 계속 늘어요. 필요보다 더 많은 물고기를 잡아 바닷속 물고기 개체가 줄고 있어요. 전 세계 바다 생물 중에서 스스로 번식하여 개체 수를 유지할 수 있는 어종의 비율이 1974년에는 90%였어요. 2015년에는 67%로 감소했어요. 바

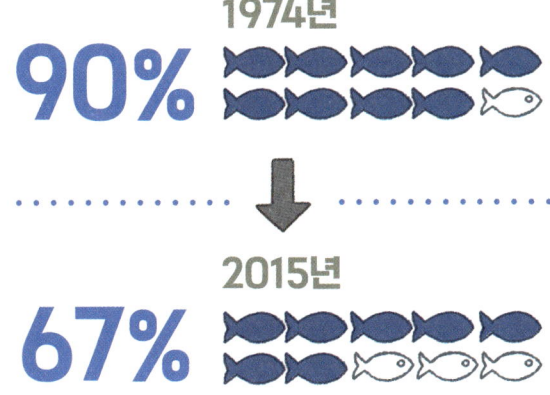

바닷속 물고기들이 어리거나 건강하지 못해 알을 낳는 능력이 점점 떨어진다는 뜻이에요. 암컷 물고기는 나이가 많을수록, 몸이 클수록 번식력이 뛰어나요. 하지만 바다에서 이런 물고기를 찾아보기 힘들어요. 어부들이 '월척'이라며, 큰 물고기를 잡아다 비싼 값에 팔기 때문이죠. 국제 학술지 <사이언스>가 2006년 발표한 자료에 따르면, 지난 50년 동안 인간이 먹을 수 있는 바다 생물의 29%가 준멸종(자연에서는 존재하지 않고 보호 구역이나 동물원 같은 특별한 시설에서 제한적으로 살아 있음) 상태예요. 인간의 욕심으로 지금처럼 마구 물고기를 잡으면 2050년에는 바다에서 물고기가 완전히 사라질 거라고도 전했어요. 사람의 욕심 때문에 바다가 비어 가고 있다는 경고이지요.

10년 동안 참치잡이를 줄이니,
멸종 위기의 참치가 늘었어요

바다에 쌓인 쓰레기는 우리가 일상에서 사용한 생활 쓰레기, 어업 활동에서 사용하는 어구 쓰레기가 대부분이에요. 담배꽁초, 음식 포장지, 페트병, 비닐봉지 등이 바다를 더럽히는 생활 쓰레기예요. 어구 쓰레기는 물고기를 잡는 데 사용한 그물, 낚싯줄, 부표, 밧줄 등을 그대로 바다에 버려 생겨났어요.

2012년, 제주에서 해녀학교에 다니던 사람들이 의미 있는 일을 시작했어요. 바닷물에 들어가 해산물을 따는 대신 플라스틱, 그물, 낚싯줄 등 해양 쓰레기를 줍기로 한 거예요. 이것을 해변을 뜻하는 'beach', 빗질을 의

미하는 'combing'을 합쳐 '비치코밍'이라고 해요. 우리말로는 '해변 정화'라고 불러요. 이후 해변 정화에 점점 많은 사람이 참여했어요. 부산, 속초 등 다른 해안 지역으로 퍼졌고요. 사람들의 관심과 참여가 늘어나면서 해변 정화는 발전해 나갔어요. 지역 작가와 시민들이 힘을 합쳐 바다에서 수거한 쓰레기를 재활용하거나, 미술 작품으로 탄생시켰어요. 쓰레기 작품을 가지고 전시회까지 열었지요. '해변 정화'는 바다 생태계를 보호하면서 재미까지 누릴 수 있는 지역 축제로 발전해 가고 있어요.

해양 생태계를 지키기 위해서는 어류 자원을 적극적으로 보호해야 해요. 잡을 수 있는 어종을 제한하거나, 물고기의 크기와 양을 한정하는 규제가 필요해요. 다랑어라고도 불리고, 캔으로 많이 먹는 참치는 대표적인 멸종 위기 어종이에요. 유엔은 2016년부터 매년 5월 2일을 '세계 참치의 날'로 정했어요. 참치를 더 먹으라는 날이 아니에요. 남획으로 사라질 위기에 처한 참치를 보호하기 위해 만든 날이에요. 이런 날을 정해서 위기를 알릴 정도로 참치 남획은 심각한 상황이었어요. 2015년 국제자연보전연맹은 "참치 7종 중 6종이 멸종 목록에 들어가 있고, 남방참다랑어는 개체 수가 없어 10년 안에 멸종할 수 있다"라고 경고했어요. 사람들이 참치를 너무 많이 잡아먹었기 때문이에요. 참치는 1970년대부터 개체 수가 감소하여 현재 약 74%가 줄어든 상태예요.

상황이 심각해지자, 세계 여러 나라는 '지역수산관리기구(FMO)'를 중심으로 '어획 할당제'를 실시했어요. 매년 지역별, 어종별 상태를 확인한 뒤, 참치가 줄어들지 않는 수준에서 참치를 잡도록 한 거예요. 우리나라 해양 수산부도 여기에서 할당량을 받아, 원양 어선에 참치를 집을 수 있는 양을 적절하게 나누어 주고 있어요.

얼마 전 반가운 소식이 들려왔어요. 국제자연보전연맹이 "지난 10년간

어획 할당제를 지킨 덕분에 멸종위기에 있던 참치 7종 가운데, 4종의 개체 수가 다시 늘고 있다"라고 발표했어요.

이것은 인간이 욕심을 줄이고, 지속가능한 어업을 위해 애쓴다면 바다 생태계를 회복시킬 수 있다는 희망을 보여 준 사례예요.

많은 사람에게 바다는 여전히 멀게 느껴져요. 그러나 바다는 생각보다 훨씬 더 인간과 직접적 연관이 있어요. 바다는 이산화 탄소를 흡수하고, 산소를 내뿜고, 지구 온도를 조절하고, 먹을거리를 내주어서 인간의 삶을 이롭게 해요. 우리가 바다 오염을 막고, 해양 생물을 지키는 일에 힘을 써야 하는 이유예요.

해류로 모인 쓰레기, 해류를 활용해 수거해요
– 오션클린업

네덜란드의 16세 소년 보얀 슬랫은 가족들과 바다에 놀러 갔어요. 보얀은 스쿠버 다이빙을 하다 깜짝 놀랐어요. 바닷속에 쓰레기가 둥둥 떠다니고 있었거든요. 그때부터 보얀은 바다 쓰레기를 줄이는 방법을 찾기 시작했어요. 2012년에는 미국 샌프란시스코에서 열린 TED 강연에 나가 계획을 발표했어요.

보얀은 쓰레기가 흘러드는 반대편에 거대한 유(U) 자 모양의 장벽을 만들자고 제안해요. 해류를 타고 유(U) 자 장벽 안으로 쓰레기가 모이

2021년 바다 정화 활동을 하는 오션클린업의 '시스템002'.

면, 그것을 정기적으로 회수하는 거예요. 바람과 해류의 영향으로 바다 쓰레기가 한곳에 모이는 것에서 아이디어를 얻었어요. 보얀은 "해류는 장애물이 아니라, 해결책이다"라고 말했어요.

이 아이디어는 많은 사람의 공감을 얻어 160개국에서 200만 달러(한국 돈 22억 5,000만 원 정도)를 모금했어요. 보얀은 이 돈을 가지고 비영리 단체 '오션클린업'을 설립했어요. 이후 본격적으로 바다 쓰레기의 심각성을 알리고 문제를 해결할 방법을 연구했어요. 이런 활동에 힘입어 보얀은 2014년에 역대 최연소로 유엔환경계획(UNEP)이 주는 '지구 환경 대상'을 받았어요.

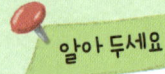
알아 두세요

바다의 플라스틱 쓰레기가 더 큰 골칫덩이인 이유

바다의 플라스틱 쓰레기는 육지에서 사용하다 떠밀려 온 것들이 대부분이에요. 고기잡이배에서 사용하고 버린 그물, 양식에 사용하고 처리하지 않은 부표도 바다를 오염시켜요. 분리수거가 일상화된 육지와 달리 바다 쓰레기는 한번 발생하면 처리가 어려워요. 바다에 있는 쓰레기를 수거하려면 전문 기술 인력과 많은 장비가 필요해요.

바다 쓰레기는 잘 썩지 않아요. 비닐, 플라스틱은 땅에서 썩는 데도 수백 년이 걸려요. 바다는 수온이 낮고 염도가 있어서 썩으려면 육지보다 시간이 훨씬 오래 걸려요. 음료수 캔 6개를 묶는 플라스틱 링은 바닷새의 목을 졸라 죽음에 이르게 해요. 이 플라스틱 링은 바닷물 속에 450년이나 남아 있는대요. 바다 플라스틱 쓰레기는 찢어지고 쪼개질 뿐, 영원히 바다에 남아 있어요.

바다 플라스틱 쓰레기는 수거하더라도 재활용이 힘들어요. 바다 플라스틱을 재활용하려면 염분을 제거하고, 겉에 붙은 해초, 따개비를 떼어 내야 하거든요. 이런 처리를 하는데 많은 시간과 비용이 들어요. 재활용을 위해 물로 씻으면서 물을 낭비하게 될 수도 있고요. 이런 이유로 바다 플라스틱 쓰레기는 재활용 비율이 무척 낮아요.

2021년, 오랜 연구와 실험 끝에 보얀이 이끄는 오션클린업은 태평양 거대 쓰레기 지대에 떠 있던 바다 쓰레기 2만 8,659kg을 제거하는 데 성공했어요. 배가 양측에서 그물을 유(U) 자로 펼쳐 쓰레기를 수거하는 방식이었어요.

이렇게 수거한 바다 쓰레기는 분류 작업을 거쳐 재활용해요. 얼마 전에는 수거한 플라스틱 쓰레기로 선글라스를 만들어 200달러에 판매했어요. 판매해서 번 돈은 다시 바다 쓰레기를 수거하는 사업에 투자할 예정이래요. 오션클린업은 "2040년까지 바다에 떠다니는 플라스틱 90%를 제거하겠다"라는 목표를 세우고 있어요.

관련 목표 SDS ⑮ 육상 생태계 보전

숲을 되살려야 동식물을 지킬 수 있어요
동물, 식물, 곤충 등 육상 생물의 80% 이상이 숲에서 살아가요. 숲은 기후 변화에 대응하고, 생물을 보호하는 중요한 역할을 해요. 2010년~2015년 전 세계에서 330만 헥타르의 숲이 사라졌어요. 농사를 짓거나 가축을 키워 돈을 벌기 위해 숲을 없앤 거예요. 숲이 사라지면 동식물이 살 곳을 잃어요. 나무를 베어 버린 땅은 물을 머금지 못해 사막처럼 메마른 상태로 변해요.
현재 육상 동물 8,300종 중에서 8%가 사라졌고, 22%가 멸종 위기에 있어요. 유엔이 정한 15번 목표는 "국제 협약에 따라 숲, 습지, 산 등을 보존하거나 되살려 지속 사용이 가능하게 한다"예요. "숲 파괴를 중단하고, 다시 나무를 심어 숲을 복원하겠다"라는 목표도 정했어요. 또 "멸종 위기에 처한 동물을 보호하기 위해 긴급 조치를 시행하여, 육상 생태계와 생물 다양성을 보전하겠다"라고 발표했답니다.

나 하나 바뀐다고 세상이 달라질까요?

경제 발전을 이루면 모든 문제를 해결할 수 있다고 믿던 시절이 있어요. 가난한 사람도 없고, 굶는 사람도 사라지고, 전쟁도 안 하고, 모두 평등하게 살 수 있으리라 기대했죠.

우크라이나는 거대한 밀 생산지예요. 2022년에 우크라이나는 러시아와 전쟁 중이에요. 이 싸움으로, 밀 생산량과 수출량이 크게 줄었어요. 그러자 전 세계 밀값이 크게 올랐어요. 그 피해는 가난한 아프리카 사람들이 고스란히 겪고 있어요. 아프리카 지역은 식량이 부족해 밀을 많이 수입해요. 밀 생산량이 줄고, 가격이 오르니 밀을 제대로 수입할 수 없게 되었지요.

100여 년 전, 플라스틱이 세상에 나왔을 때 '기적의 소재'라고 불렸어요. 싸고, 가볍고, 튼튼해 우리 생활이 편리해졌지요. 매해 전 세계에서 생산되는 플라스틱 양은 미국 뉴욕시 고층 빌딩 전체를 짓고도 남는대요. 풍요롭고 편리하게 플라스틱을 사용한 결과는 처참해요. 썩지 않는 플라스틱 쓰레기가 날마다 쌓여 가요. 빨대가 코에 꽂힌 거북, 플라스틱 장난감을 먹은 새 등 동물들이 죽어 가요. 바닷속을 떠다니는 미세플라스틱을 물고기가 먹고, 그 물고기가 식탁에 올라 사람이 먹어요. 인체에 들어온 미세플라스틱은 몸속에 쌓여 인간의 건강을 해쳐요.

이제 사람들은 알았어요. 경제 성장을 목표로 앞만 보고 달리는 방식으로는 지구가 견뎌 낼 수 없다는 것을요. 싸움이 생기고, 빈부 격차가 늘고, 차별로 인한 갈등이 잦아지면 경제 발전도 의미를 잃는다는 사실을요. 그리고 지금까지의 성장 방식이 아닌 '지속가능한 발전'이어야 한다는 데 생각을 모았어요.

2015년, 전 세계 196개국 대표들이 유엔에 모여 '지속가능발전목표' 17개를 발표했어요. 경제 성장을 추구하되 미래에도 지속할 수 있는 착한 방식으로 하자는 약속이었지요. 기후 변화, 불평등, 일자리, 도시 문제 등에도 힘을 합치기로 했어요.

예전 방식대로라면 유엔은 각국 정부에 SDGs 내용을 주면서 지키라고 했을 거예요. 그런데 유엔은 BTS를 '미래세대와 문화를 위한 대통령 특별사절'로, 블랙핑크를 '유엔 지속가능발전 목표 홍보대사'로 임명했어요. 이들을 통해 전 세계인이 SDGs 목표 달성에 관심을 기울여 달라는 메시지를 전달한 거예요. SDGs는 정부 힘만으로 해결할 수 있는 문제가 아니라, 시민들의 적극적인 참여가 필요하다는 뜻이지요.

아마 이 책을 읽은 어린이들은 질문할 거예요. "나 하나 바뀐다고 세상이 달라질까요?" 이 책을 쓰면서 그 해답을 찾을 수 있었어요. 결론부터 말하면, 달라져요! 세상을 바꾼 변화는 한 사람이 깨달음을 얻고, 그 생각에 공감한 사람이 늘고, 그들의 행동이 변하면서 성공에 이르더라고요. 빈곤에서 벗어나는 길을 마련한 유누스 교수, 여성 교육과 인권 운동에 앞장서고 있는 말랄라처럼요.

SDGs 실천 사항을 완벽하게 지키며 살기는 어려울 거예요. 그렇더라도 여러분이 일상에서 SDGs를 지키려고 노력해 주면 좋겠어요. 해양 생태계 보전을 위해 비닐봉지를 열 번 쓸 때, 아홉 번만 사용한다거나, 아동 노동을 없애기 위해 공정무역으로 수입한 초콜릿을 사는 거죠. SDGs를 한 명이 100%로 지킬 때보다, 1%씩 실천하는 100명이 생겼을 때 훨씬 빨리 세상을 바꿀 수 있어요.

SDGs를 이루었을 때의 풍요와 행복은 여러분이 누릴 거예요. 어린이가 살아갈 미래를 위해 어른도, 어린이도 변해야 해요. 내일 시작하면 늦어요. 지금 당장이어야 해요. '미래를 바꾸는 목표'를 향한 실천, 우리 함께 시작해 봐요!

이정주